Avant que t'oublies tout !

CLAUDE
SARRAUTE

LAURENT
RUQUIER

Avant que t'oublies tout !

Une quinzaine d'années maintenant que mes pas ont eu la chance de croiser ceux de Claude Sarraute ; la première fois, c'était à France Inter pour un numéro de « Rien à cirer ». Claude avait accepté cet exercice délicat de promotion où, en échange d'assurer la vente d'un livre, on accepte de subir différents portraits plus ou moins drôles et plus ou moins méchants des quatre ou cinq chroniqueurs présents. À commencer par le mien.

Ce devait être en 1993 pour *Ah ! l'amour, toujours l'amour*, un des nombreux ouvrages qu'elle a publiés à l'époque, quasiment un par an, grâce à sa plume affûtée au journal *Le Monde* et à sa popularité acquise pendant dix ans de présence aux « Grosses Têtes ».

Ces dix saisons auprès de Philippe Bouvard prouvent qu'il fallait que cette femme-là ait non seulement un sacré caractère, mais aussi et avant tout un sacré sens de l'autodérision, mêlé sûrement à une envie de connaître autre chose que le milieu intellectuel, et parfois élitiste, dans lequel elle vivait depuis soixante ans, de par sa naissance, puis son travail dans le grand et très

sérieux quotidien du soir. Une sorte de dévergon-
dage officiel.

Que Philippe Bouvard soit en tout cas ici
remercié. Sans lui, je n'aurais peut-être jamais
connu Claude et ne l'aurais peut-être jamais invitée. Je m'explique : venant d'un autre « monde »,
le seul journal que mon papa ramenait à la maison après sa journée d'ouvrier chaudronnier,
c'était *Le Havre libre* ou *Paris-Normandie*, selon les
jours de match de foot ou le concours annuel
Poustiquet dont il fallait chaque jour découper
les vignettes pour ou contre afin d'espérer gagner
une voiture ou des vacances à la mer...
      J'étais bien loin de connaître les noms des jour-
nalistes de la presse écrite parisienne, et encore
moins ceux d'un quotidien du soir comme *Le
Monde*, qui n'arrivait à l'époque que le lendemain
chez mon marchand de journaux !
      Même dans ma période étudiante ou mes
débuts radiophoniques au Havre et à Rouen,
moment où je commençais à m'abreuver d'actualité et m'étais – tout de même – abonné au *Matin
de Paris*, je ne voyais pas encore bien l'intérêt
d'acheter un journal où je ne pouvais lire que
l'actualité de la veille !

Je ne connaissais donc le nom de Claude
Sarraute que par ce que je pouvais entendre
l'après-midi sur RTL : son rire inimitable et
contagieux, sa joie de vivre qu'elle donnait à partager, son absence totale de tabous et, bien sûr,
on y revient, sa capacité à encaisser les coups et
à y répliquer, d'autant plus impressionnante

qu'ils étaient signés Jean Yanne, Jacques Martin, Olivier de Kersauson ou Gérard Jugnot.

C'est en septembre 1995, et à l'occasion d'une nouvelle tranche horaire confiée par Pierre Bouteiller, que j'eus l'idée d'animer « Les P'tits Déj' », une émission dont le principe, entre 9 et 10 heures, juste après la grande session d'info, serait de faire commenter à des journalistes, artistes, écrivains, intellectuels l'actualité encore chaude du matin.

J'avais alors pioché dans la liste des invités « bons clients » reçus pendant cinq ans dans « Rien à cirer » ceux qui seraient le plus susceptibles (pas trop, quand même !) de participer à cette nouvelle aventure : Alphonse Boudard, Gérard Miller, Maurice Rheims, Jean-Marie Gourio, Florent Pagny, Geneviève Dormann, Françoise Xenakis et... Claude Sarraute furent les premiers à essuyer les plâtres.

Je dois reconnaître que cette période professionnelle ne fut pas la plus facile pour moi puisque « Les P'tits Déj' » sur France Inter démarraient le jour où TF1 annonçait l'arrêt des « Niouze », après seulement cinq jours de quotidienne et d'audiences catastrophiques pour la première chaîne. Dans la presse, je payais aussi, venant de France Inter, le fait d'avoir dit « oui » à TF1, au point même qu'une journaliste pigiste Médias au *Monde*, Dorothée Tromparent, prit plaisir, alors que j'avais déjà la tête sous l'eau, à poser un pied supplémentaire dessus en éreintant ma nouvelle émission radio, chose qui ne m'était encore jamais arrivée.

Si je vous raconte tout ça, c'est que j'estimais que cette journaliste du *Monde* avait tellement eu tout faux dans son papier (le concept dure encore aujourd'hui et fut suivi, copié, imité…) que neuf ans plus tard, en 2004, pour ma pièce *La Presse est unanime*, j'ai affublé le personnage d'une critique du *Monde*, joué par Claude Sarraute elle-même, du nom ridicule de Madame Trouparent ; un clin d'œil et un hommage appuyé à cette journaliste dont j'ignore encore si elle se sera reconnue.

Entre-temps, Claude Sarraute, elle, était devenue une amie. D'autant plus chère qu'elle a commencé à m'accompagner dans cette période de ma vie professionnelle qui ne fut pas des plus simples à surmonter. D'émissions radio en émissions télé, soirées communes, fêtes ou vacances collectives, voilà maintenant quinze ans que ça dure ; que de souvenirs, que de rires !

Claude, je me revois, à l'occasion d'une émission à bord de l'Eurostar, fraîchement inauguré, te faire croire qu'on allait voir des poissons en passant sous la Manche. Le champagne y était servi à volonté et je me demande encore comment nous avons pu terminer notre enregistrement radio avant d'arriver à Londres. Je te revois surtout demandant à Bruno Masure et moi de te lâcher dans Soho, à 1 heure du matin, ton sac Chanel sous le bras et nous, nous interrogeant encore sur ce que tu allais bien pouvoir faire, seule, dans un coin du quartier qui nous était plutôt destiné...

Claude, je te revois au bord d'une piscine sur l'île de la Réunion, à l'occasion d'un déplacement avec France Inter, où, après un repas bien arrosé aux côtés de Diane Tell, Gérard Miller et Yvan Le Bolloch, je te raccompagne, de peur que tu ne prennes un bain de minuit involontaire. Je t'entends encore, heureuse de cette soirée, me dire, des étoiles plein tes lentilles : « Oh ! là, là ! mon chéri, c'était formidable cette soirée, Diane Tell et ses chansons, moi et le pétard... » Yvan Le Bolloch avait dû faire tourner jusqu'à toi ce qu'il partage toujours volontiers.

Claude, je te revois marcher en Italie, dans la forêt du Mugello, avec Diane Tell, Valérie Mairesse, Sophie Forte, Frédéric Lebon et quelques autres, tous inquiets – tu as déjà soixante-dix étés – à l'idée que tu puisses te fatiguer avant la fin de la balade. Au bout de deux heures, épuisés, c'est toi qui nous demandais de continuer encore un peu.

Claude, je te revois à Marrakech supplier Gérard Miller, le magicien de notre bande, de recommencer le tour qu'il venait de réaliser en faisant apparaître dans un lustre une enveloppe contenant la carte à jouer que tu avais choisie. La petite fille que tu redeviens dans ces cas-là ne se rendait pas compte qu'il lui avait fallu la journée pour préparer son coup.

Claude, je te revois à la Malbaie, au Québec, une maison incroyable, près des lacs, où Gilbert Rozon nous avait emmenés passer une semaine, toi, Derec et moi, après un festival « Juste pour rire ». Tu t'acharnais à vouloir gagner au Monopoly pendant que, sous la table, Gilbert me passait des billets en douce afin que la soirée se prolonge.

Claude, je te revois à Venise, en gondole avec Ghislaine Ottenheimer, Georges-Marc Benamou et toute une bande ; tu t'étais mise à pleurer pendant que nous chantions tous – six par barque – avec les gondoliers... Tu nous avais expliqué : « Je suis venue je ne sais pas combien de fois à Venise avec des amoureux, c'est la première fois que je fais de la gondole, et faut que ce soit avec vous, cette bande de connards ! » Ça nous avait bien fait rire.

Nous revenions du restaurant Locanda Montin, dans le quartier du Dorsoduro, où nous retournons chaque fois que je loue ma maison de vacances à Torcello. Nous y dînons sous la tonnelle, à ta demande, parce que ta Maman écrivain avait une résidence à côté et venait y dîner aussi.

Cette maison que je loue depuis dix ans, à Torcello, est peut-être l'endroit où nous avons passé le plus de bons moments entre amis ; du trentième anniversaire de Marco jusqu'à son quarantième, l'été dernier.

Pendant tous ces étés, nous nous demandions souvent qui tu pouvais bien appeler chaque soir, à minuit pile, t'éloignant de la table et parlant anglais... Depuis deux, trois ans, on sait et tu le racontes dans ce livre.

À Venise, l'été dernier encore, je te vois marcher dans les immenses salles d'exposition de la Pointe de la Douane, merveilleusement investie par la Fondation Pinault. Je m'amusais de te voir questionner le conservateur ou attaché de presse qui nous accueillait, guide d'un jour. Aucune question sur les œuvres exposées, tu t'en fichais bien ; non, tu voulais savoir s'il avait des enfants, combien ? Comment ils s'appelaient ? Quel fut son parcours avant d'arriver là ? Tu auras oublié le lendemain, mais peu importe, ta curiosité et ton tutoiement généralisé te font chaque fois entrer dans la poche de tous ceux que tu rencontres.

Claude, je te revois avec notre joyeuse bande, pour une croisière sur le Nil, du Caire à Assouan, sans oublier Louxor, d'où tu es revenue avec Pierre Bénichou et la douce Alix, Jean et Sylvie Benguigui, totalement momifiée par les bandelettes qu'on t'avait mises sur le visage à la suite d'une mauvaise chute sur les pierres foulées par Ramsès II lui-même. Marine, une de mes deux nièces qui étaient du voyage, s'est même évanouie en te voyant chuter et est revenue dans le même état que toi !

Claude, je te revois à New York, surprise qu'on ait tous tenu parole, de Christine Ockrent à Raphaël Mezrahi en passant par Danièle Evenou, Michalak, Bénichou, Michael Gregorio, Diane et Pierre, Paulette, Sophie, François, Anthony, mon amie Annie, Gérard et Anaïs, Benoît, mes nièces et les autres... Je revois surtout Mustapha, qui avait eu bien du mal à passer l'aéroport, nous rejoindre comme une cerise avant le gâteau de tes quatre-vingts ans. C'était juste après le magicien qu'on avait loué – tu as échappé de peu à un Chippendale que l'hôtel n'a jamais voulu laisser entrer et qui pourtant ne ressemblait pas à Mustapha ! L'illusionniste était un des plus bluffants qu'on ait eu l'occasion de voir, mais la soirée était déjà magique.

Claude, je te vois – c'est tout récent – revenir d'une balade dans ma campagne, après ton heure de marche obligatoire, éraflée, égratignée, ecchymosée, parce que tu as voulu suivre le même chemin que mon chien Ultimo en passant sous des barbelés, alors que, je te le rappelle, c'est lui qui doit te suivre et non pas le contraire ! À quatre-vingt-deux ans, ce n'est pas raisonnable !

Claude, je te vois rentrer seule dans la nuit, fragile comme une feuille qui aurait résisté à quatre-vingts automnes, après une soirée où les verres ont trinqué, un peu titubante, t'accrochant à ton sac que tu ne lâches pas ou plutôt qui ne te lâche pas... Je me demande même s'il ne te sert pas de radar ou de GPS, puisque chaque fois tu arrives à bon port. Je sais aussi que tous les taxis parisiens, qui te connaissent maintenant très bien, prennent soin de toi jusqu'à ton paillasson ; ils me le racontent et je me demande si un jour, un d'entre eux ne finira pas par être ton quatrième mari ! Ça nous rassurerait tous puisque tu ne veux jamais qu'on te raccompagne ; question de dignité.

Claude, je te revois, curieuse de tout, à Venise ou ailleurs, passer des heures à écouter mes amies de toujours, Annie, Florence ou Nathalie, connues ou inconnues, tu leur fais partager ton expérience des rapports amoureux ou sentimentaux : « Ah, non, ne fais jamais ça ! » « Ne rappelle surtout pas ! » « Ne lui dis pas ça. » « Laisse-le revenir. » « Crois-moi, il va te rappeler »... J'y ai eu droit moi aussi, avec des résultats plus ou moins bons, mais qu'importe, ce sont des moments d'intimité inoubliables.

Claude, je te revois, heureuse que je t'aie demandé de m'accompagner en Israël où j'allais pour la première fois rejoindre mon vieil ami Jean-Noël en poste là-bas. Tel-Aviv, Jérusalem, je sais combien c'était important pour toi d'y retourner et nous y avons trouvé des moments de paix qu'on aimerait plus nombreux.

Claude, je nous revois aussi à Portofino, avec nos amis Charles et Nathalie – leur petite Yulia n'était pas encore arrivée –, commencer nos entretiens dans la perspective de ce livre, c'était il y a au moins sept ans. À la terrasse d'un café du port, le mini-magnéto pour enregistrer nos échanges était prêt, mais toi, pas encore. C'est seulement cette année 2009 que nous avons tout repris à zéro, au coin de ton feu, dans ton refuge de l'île Saint-Louis, maintenant que les hommes de ta vie ne sont plus là et que tu te sens plus libre pour parler.

En effet, l'idée m'était venue que plutôt de recueillir des bribes de ta vie, au hasard de nos vacances, émissions, dîners et voyages, ç'aurait été chouette de tout remettre dans l'ordre et qu'on sache vraiment comment tu avais traversé ces huit décennies : ton enfance de fille d'une écrivain célèbre, la guerre, *Le Monde*, la radio, la télé, les livres, tes trois maris, tes amants...

C'était mon souhait le plus cher, parce qu'on rencontre peu de personnages comme toi dans une vie et je souhaitais faire partager l'intérêt, la curiosité, l'amusement, la surprise permanente que j'ai la chance, jamais tarie, de ressentir à tes côtés. Tu sais à peu près tout de moi, de ma vie, et j'avais envie de tout savoir moi aussi. Ma pudeur, ma timidité et la peur de te déranger ne m'auraient jamais permis de te poser toutes ces questions sur toi. Je prends ce qu'on me donne ; j'avais déjà beaucoup ; avec ce livre, tu m'as donné plus encore.

Certains diront que tu es comme une mère pour moi ; ils se tromperaient, d'abord parce que ça ne ferait pas plaisir à ma mère qui lira sûrement ces quelques lignes, et surtout parce que dans ma famille de Normands, plutôt taiseux, jamais je n'aurais osé avoir de telles conversations avec ma mère, ma sœur ou même mes frères, comme d'ailleurs, pour d'autres raisons, je l'imagine, tu n'aurais osé en avoir avec tes fils.

Je n'ai jamais porté attention à l'âge de ceux que j'aime, anticipant peut-être le souhait qu'un jour, on ne s'arrête pas au mien. Plus vieux, plus jeune, qu'importe, tu es une amie, et comme il n'y a pas d'âge pour ça, j'espère bien profiter de cette amitié encore longtemps. Tu m'as offert une montre – non, non, pas une Rolex – et je compte bien que tu continues à vérifier que les aiguilles y tournent dans le bon sens.

PREMIÈRE PARTIE

« ENFANCE » MÈRE ET FILLE

Claude, nous avons fêté ensemble tes 80 ans en 2007, j'en déduis donc – si tu n'as pas triché – que tu es née en 1927 ; qu'est-ce que tu sais de ta naissance ?

D'abord pour ma mère ce fut une grande déception, vu qu'elle aurait préféré avoir un garçon... Déjà que, au départ, elle ne voulait pas d'enfants !

Mais son père, un juif athée, pourtant pas traditionaliste pour un sou, pensait que si on était marié et qu'il n'y avait pas d'enfants, c'était pécher ; donc, elle s'est inclinée et elle a eu ce premier bébé, c'est-à-dire moi !

Pourquoi ne voulait-elle pas d'enfants ?

Maman pensait déjà que le mariage c'était vieux jeu et bourgeois ; mais bon, elle a fini par céder et pas de chance : elle a eu une fille ! C'est sûrement pour ça qu'elle m'a appelée Claude, un prénom qui va aussi bien à un garçon ! Ensuite, elle a eu deux autres enfants, toujours dans l'espoir d'avoir un garçon : Anne et Dominique, rien que des filles !

Elle n'a pas tenté le coup une quatrième fois ?

Non ! D'ailleurs je me souviens qu'un soir à table, le téléphone sonne, Maman va décrocher. C'était Michel Butor, un ami qui appartenait comme elle au groupe du Nouveau Roman, et qui appelait pour annoncer la naissance de son sixième enfant. Elle raccroche, revient à table et lance à Papa : « Tu vois, Raymond, c'est encore une fille, c'est leur sixième. On a bien fait de ne pas insister ! »

Raconte-moi un peu les origines de ta famille, comment ton père et ta mère se sont rencontrés...

Mon arrière-grand-père Sarraute venait d'une famille nombreuse – douze enfants ! – installée depuis des siècles à Carcassonne. Il a fait fortune en montant à Paris en tant que marchand de chiffons. Un de ses frères a ouvert, lui, dans la vieille ville, un très beau magasin d'antiquités. Grand-papa – on l'appelait comme ça –, lui, avait rencontré sa femme, donc la mère de mon père, dans un café à Genève que fréquentait la bande de Lénine.

Le vrai Lénine ?

Oui ! Lénine habitait à Genève avec sa femme et une amie de sa femme : une doctoresse russe, d'une beauté à tomber par terre. Mon grand-père s'est écroulé comme une tonne de briques devant elle et l'a ramenée à Paris. Ils ont eu une fille – ma tante Véra – et un garçon, dix ans après : Raymond, mon père. Ils l'ont appelé Raymond, parce que c'était un prénom du Sud-Ouest ! Tu suis toujours ?

Jusque-là, ça va à peu près...

Mon grand-père Sarraute adorait sa femme mais il la trompait, il la trompait... Il faut dire qu'elle avait ramené la tuberculose de Genève, et le chagrin y étant peut-être pour quelque chose, cela avait dégénéré en phtisie galopante. Elle en est morte...

Mon grand-père Joseph et ma tante Véra ont donc élevé Raymond, mon père, qu'ils adoraient, littéralement. Raymond était très, très beau. Et Joseph, qui ne s'est jamais remarié, fréquentait beaucoup, par amitié, le père de Maman – Izrael Tcherniak – et sa belle-mère (la Véra dont Maman parle dans son roman *Enfance*). Ma mère – que cette Véra traitait soi-disant horriblement – a quand même fait une licence d'anglais à Paris, des études d'histoire à Oxford ou Cambridge, et de sociologie à Berlin, sans compter trois années en fac de droit, où elle a rencontré mon père, Raymond !

Tu veux dire par là que ta mère ne s'en est pas si mal tirée pour une enfant maltraitée !

Peu importe, elle était brillante au point de devenir secrétaire de la conférence des avocats, et elle était très jolie, si bien faite que, avant la guerre, elle portait les modèles des grands couturiers que les mannequins avaient présentés pendant les défilés. Quand elle venait me chercher à l'école, j'étais très fière...

Raymond lui a dit qu'il l'aimait devant la statue d'Henri IV, sur l'île de la Cité. Si bien que chaque fois que je passe devant aujourd'hui, je pense : « Merci, mon Dieu, c'est grâce à ça que je suis là ! »

Ils étaient avocats tous les deux et se sont installés ensemble mais, attention, elle avait déjà en tête de devenir écrivain.

Tes parents étaient donc à peu près du même âge...

Drame ! Maman est de 1900, Papa de 1902. Deux ans plus jeune qu'elle ! L'horreur ! Elle a donc fait changer tous ses papiers ; elle s'est fait naître en 1902 ! Pour être du même âge que lui. Le coup terrible, c'est que des années après, quand elle est entrée dans le *Who's who*, impossible de continuer à tricher, ils avaient retrouvé sa vraie date de naissance. Alors, elle a eu cette phrase adorable : « Tu comprends, mon chéri – elle disait toujours "mon" au lieu de "ma" –, j'étais obligée d'épouser quelqu'un de plus jeune, je n'avais pas le choix, tous les garçons de mon âge avaient été tués en 14-18 ! »

Les parents de ta mère étaient donc déjà d'un milieu aisé ?

Oh, attends que je te raconte ! Mon grand-père Tcherniak était un brillant chimiste : il avait une usine de couleurs qui marchait du tonnerre, à Ivanovo ; il avait inventé un produit qui permettait aux tissus de ne pas se décolorer ; c'est d'ailleurs grâce à cette invention qu'il avait obtenu le droit de s'installer dans cette ville, bien qu'il fût juif. En 1907, il a quand même dû quitter la Russie, non pas parce qu'il était juif, mais parce qu'il avait voulu aider son petit frère Jacob, qui était devenu menchevik, c'est-à-dire favorable à une révolution plus humaine, contre les bolcheviks ; dénoncé, il a dû aller se réfugier en Suède.

Et ta grand-mère maternelle, alors ?

La mère de Maman s'appelait Paula, nous on l'appelait mémé Paula. Elle était jolie, très coquette et écrivait des romans de cape et d'épée extrêmement populaires qui s'arrachaient comme des petits pains en Russie. Il faut que je te dise qu'elle avait perdu sa fille aînée atteinte de la scarlatine, mais qu'elle s'en foutait complètement ! Elle ne s'intéressait pas aux enfants, mais uniquement à ses bouquins ! Après, ils ont donc eu cette petite Natalya que mon père appelait encore Natacha, et non pas Nathalie. Plus tard, la seule personne autorisée à appeler Maman Natacha, ça a été Revel ! C'était comme ça : elle ne voulait être ni femme, ni juive, ni russe, seulement un écrivain français !

Tu es donc fille et petite-fille d'écrivaine.

Tu peux dire écrivain, d'autant que ma grand-mère Paula Tcherniak publiait ses romans et ses nouvelles sous un pseudo masculin : Vichrovski ! Ma mère n'avait que 2 ans quand Paula a quitté mon grand-père Ilyanova (ou Izrael) pour un beau jeune homme de dix ou vingt ans de moins qu'elle, Nicolas (Kolia) Borestski. Mon grand-père est parti de son côté avec la fameuse Véra qui était de dix-sept ans plus jeune que lui. Quand Maman a eu 9 ans, c'est à Paris, chez son père et chez cette Véra, qu'elle a définitivement été élevée, rue Marguerin, du côté du parc Montsouris. Tu suis ?

Je relirai le livre de ta mère Enfance, *ce sera l'occasion...*

Ce qui est sûr, c'est que Maman en a toujours voulu à sa mère de l'avoir laissée tomber et a toujours détesté sa belle-mère Véra et sa demi-sœur Lili. Jacques, son demi-frère, en revanche, elle l'adorait... Il faut dire qu'elle avait déjà 20 ans quand Paula et Kolia sont venus s'installer à

Paris. Je me souviens juste que quand son jeune mari est mort, mémé Paula a dit à ma mère : « Pas question d'aller à l'enterrement, t'as vu dans quel état sont mes cheveux ! »

Tu es donc le fruit d'une Russe et d'un Carcassonnais !

Si tu veux, mais ma mère n'acceptait pas qu'on dise qu'elle était russe à cause de l'antisémitisme archi-développé dans ce pays, et surtout elle voulait tellement qu'on soit françaises qu'elle avait demandé à ma grand-mère, qui venait déjeuner tous les jours, de ne pas parler russe devant nous !

Avant sa mort, et Maman est morte avec le siècle, elle devait avoir 90... attends...

99 ans ! Ta mère a failli être centenaire...

Avant qu'elle parte, elle m'a montré un numéro de *Littérature* publié par Larousse dont le titre était « Rabelais, Flaubert, Constant, Sarraute » et là, elle m'a dit : « Quand je pense que la famille de ton père, à Carcassonne, m'a toujours ignorée, furieux qu'ils étaient que Grand-papa épouse une juive russe et que ton père en fasse autant... Eh bien, regarde, ce que je leur ai apporté à leur nom de rien ! Qui l'a fait connaître, leur nom ? C'est moi ! »

*Tes parents étaient avocats de quel genre
d'affaires ?*

Avocats d'affaires, justement ! Maman ne
devait pas être faite pour le pénal ; avant de travailler dans le même cabinet que mon père, elle
avait plaidé pour un petit voyou et m'a raconté
que pendant la plaidoirie, elle s'est aperçue que
son sac à main avait disparu ! Elle s'est alors
tournée vers son client en criant : « Mon sac !
C'est lui, je suis sûre que c'est lui ! »

*Tes parents se sont mariés en 1925, juste après
avoir obtenu leur licence en droit ; tu es née deux
ans après ; est-ce que ta mère écrivait déjà et est-ce
elle qui t'a élevée ?*

Tu sais, du côté du grand-père Sarraute et du
grand-père Tcherniak, il y avait beaucoup
d'argent. J'ai eu une « nanny » anglaise, en uni-
forme ! Je me souviens même qu'un jour, ma
mère s'est aperçue que Nanny picolait et qu'elle
jouait à des jeux d'argent. Je l'ai souvent enten-
due raconter cette anecdote : un jour, en ren-
trant à l'improviste, elle me voit sur le pot, les
mains croisées (j'étais très mignonne, Maman
m'aimait surtout physiquement) en train de
prier en anglais – je ne parlais pas un mot de
français – « *please baby Jesus, make Nanny's
horse winn* », « faites que le cheval de Nanny
gagne » !

Tu considères que tu as eu une enfance heureuse ?

Ce qui était embêtant, c'est que j'étais l'aînée de trois filles ; je devais donner l'exemple ! Et ma mère pensait qu'on pouvait corriger un enfant comme on corrige un livre. On biffe, on barre, on remplace un mot par un autre. Dans mon cas, un défaut par une qualité... Et des défauts j'en avais, en veux-tu en voilà ! Surtout deux défauts insupportables aux yeux de Maman, féministe avant la lettre : j'étais menteuse, j'étais coquette.

J'étais même très coquette ; j'avais encore des couches que je me trémoussais le derrière dès que je voyais un pantalon ! Quand on était malades, Maman nous emmenait, mes sœurs et moi, en cure à Cauterets, dans les Pyrénées, ou à Challes-les-Eaux, en Savoie, et là-bas, j'avais une cour de petits garçons autour de moi ! Je demandais à ma mère de me changer trois fois par jour ! Pas les couches, la robe ! Ça la rendait folle...

Maman, ce n'était pas une épicurienne, elle a vieilli comme un homme, elle ne portait jamais de jupe, sauf en été, n'emportait pas de sac à main et elle n'a jamais eu la moindre trace de maquillage. L'anti-moi : aucune frivolité !

C'est aussi pour ça qu'elle me reprochait tellement mes efforts de séduction.

Tu as donc toujours été une grande séductrice ?

Oui, j'adorais séduire les marmots de mon âge. Je secouais mes boucles en décochant, paraît-il, des œillades assassines aux gamins qui me suivaient à la trace et je me tortillais d'aise. Maman, consternée par tant de vulgarité, ne savait pas trop comment brider mon tempérament d'aguicheuse ! En grandissant, ça m'a passé… Comme toutes les petites filles, à partir de 7, 8 ans, j'ai cessé de m'intéresser aux garçons qui peuplaient l'École alsacienne. Il faut dire que c'était la seule école privée qui était mixte, c'était très important pour ma féministe de mère. Mon père y avait fait lui aussi ses études.

Parle-moi un peu de ton père, justement.

Il était coureur, comme son propre père, mais il adorait ma mère, alors il se débrouillait toujours pour qu'elle n'en sache rien. Il avait atteint un rang important dans la franc-maçonnerie et n'aurait loupé ses réunions du lundi soir pour rien au monde. Ma mère, elle, avait pris une chambre de bonne où elle allait écrire. Mais elle a toujours veillé de très près à notre éducation.

J'en reviens à tes défauts : menteuse, coquette, ce ne sont pas des gros défauts quand on est enfant !

Oui, mais je les ai gardés ! Et ça, malgré des heures, des jours, des semaines d'engueulades, de remontrances et de considérations en tout genre sur le vice et la vertu. J'étais voleuse aussi ! À 7 ans, j'ai piqué des chocolats dans la boîte d'une copine de mon âge. Une fois, pas deux ! Ma mère m'a fait passer l'envie de recommencer. Je n'ai jamais revolé – sauf une perruque dans un grand magasin – mais triché, oui, souvent ! Et c'est resté, même quand j'ai été maman à mon tour ! Par exemple, le samedi à midi, quand je prenais le train pour aller à la campagne avec mes trois gamins et Tobby, le chien, au lieu de faire la queue au guichet – trop long, trop fatigant –, nous montions tous, sans billets. Et quand passait le contrôleur je me répandais en excuses en sortant mon porte-monnaie. Mais s'il ne passait pas... eh bien, on voyageait à l'œil et ça ne m'a jamais gênée plus que ça !

Tu étais bonne élève ?

Quand je suis entrée à l'École alsacienne, j'ai fait 57 fautes dans ma première dictée ; en plus, j'étais une gauchère contrariée ! Je n'apprenais rien, mais rien ! À force de me faire engueuler, j'ai commencé à m'appliquer et, un jour, j'ai eu un devoir à faire : « France, mère des arts, des lettres et des lois » ; ma mère a dit à mon père : « Sois gentil, aide-la, elle n'y arrivera jamais ! » Il m'a fait un devoir construit, si intéressant que je l'ai écouté bouche bée ! Ça a été un déclic et à partir de là, je me suis mise à bosser. J'ai aussi eu une prof d'histoire formidable. Je dois avouer que j'étais assez paresseuse. Chaque année, au bout du premier trimestre, ma mère et moi étions convoquées par le professeur principal. Elle sortait de là dans un tel état d'humiliation et de rage qu'à la fin de l'année scolaire, je me retrouvais, merci Maman, première de la classe. Je me suis mise à bosser, oui. Et ça a duré toute ma vie ! Avec quand même, de temps en temps, de redoutables rechutes dans cette envie, contrariée dès l'enfance, de ne rien foutre ! La dernière fois, je m'en souviens comme si c'était hier. Je venais d'avoir mon dernier bébé et j'annonce à mes parents venus dîner que je ne retournerai pas travailler au journal *Le Monde* après mon congé de maternité. Que je voulais désormais faire secrétaire à domicile ! Oui, secrétaire de Revel, mon mari, qui ne demandait pas mieux. Mes parents n'ont pas pipé mot. Et puis au moment de les raccompagner à la porte, j'ai entendu Nathalie murmurer à l'oreille de mon père : « Tu vois, Raymond, on aura vraiment tout essayé pour la convaincre qu'une femme, même mariée, même mère de famille, devait garder son indépendance financière, mais non, rien à faire. Contrairement à ce que je pensais, on ne peut pas lutter contre la nature profonde d'un être humain. Et regarde maintenant, à 40 ans, elle est fichue. »

Et évidemment, une fois de plus, tu as écouté, à 40 ans, les conseils de ta mère... Tu as bien fait !

Tu parles ! J'ai rempilé. Et je suis même passée à la vitesse supérieure, ajoutant radios et télés à un emploi du temps déjà surchargé.

Et ton éducation littéraire ?

J'ai dû lire tout Dumas, tout Flaubert, tout Balzac, tout Jules Verne, je les ai même dévorés... J'ai grandi avec tous ces auteurs dont on parlait à table ; c'est qu'il n'y avait pas encore la télé et on écoutait très peu la radio, sauf la BBC pendant la guerre. La littérature, j'en bouffais ! Mon éducation était surveillée de très près : musique, escrime, natation, plongeon... et mon père nous emmenait, mes sœurs et moi, au Louvre tous les dimanches matin ! Il me posait devant une toile du Tintoret et je me disais : « Qu'est-ce que c'est joli ! Ce rouge fuchsia, avec cet orange, si je pouvais obtenir de Maman qu'elle m'achète un petit haut comme ça ! » Ou alors devant une nature morte : « Comment se fait-il que la tasse ne soit pas assortie à la soucoupe ? »

Grâce à cette éducation, tu as quand même fait des études en lettres et en droit, et tu as obtenu une licence d'anglais. Le bac, tu l'as eu en 44-45, tu étais donc adolescente pendant la guerre ?

Oui, et j'ai vraiment souffert de l'antisémitisme qui régnait en France bien avant la guerre ; j'avais beau être à l'École alsacienne, crois-moi, à la fin des années 30, il y régnait un antisémitisme qui était exprimé en termes crus. C'était sans équivoque. Heureusement que j'ignorais totalement que ça pouvait me concerner, vu que dans ma famille tranquillement agnostique, il ne serait venu à l'idée de personne de mentionner qu'on était juifs. Ç'aurait été prêter à son interlocuteur une attitude raciste impensable dans ce milieu d'intellectuels.

Du côté de mon père, ils étaient catholiques, mais je n'ai reçu aucune éducation religieuse, ni catholique, ni juive.

Je m'aperçois que tu parles comme ta mère. Tu me répètes ce qu'elle a écrit elle-même dans Enfance, *à propos de ses propres parents...*

Fais voir le passage :

« Ma mère ne voulait pas le savoir... Je crois qu'elle n'y pensait jamais. Quant à mon père, il considérait toutes les pratiques religieuses comme des survivances... De vieilles croyances dépassées... Il était "libre-penseur" et pour lui comme pour tous ses amis, le fait même de mentionner que quelqu'un est juif ou ne l'est pas, ou qu'il est slave, était le signe de la plus noire réaction, une véritable indécence... Je n'ai jamais entendu dire d'un ami qui venait à la maison qu'il était autre chose que russe ou bien français. [...] Mon père me laissait aller à toutes les églises où l'on m'emmenait... peut-être se disait-il que ces belles cérémonies ne pouvaient que laisser à un enfant de beaux souvenirs, il ne cherchait pas plus à me détourner de Dieu, du Christ, des saints, de la Sainte Vierge, qu'il ne m'avait empêchée d'adresser des prières au Père Noël. Mais plus tard, chaque fois qu'était soulevée cette question, j'ai toujours vu mon père déclarer aussitôt, crier sur les toits, qu'il était juif. Il pensait que c'était vil, que c'était stupide d'en être honteux et il disait : Combien d'horreurs, d'ignominies, combien de mensonges et de bassesses a-t-il fallu pour arriver à ce résultat, que des gens ont honte devant eux-mêmes de leurs ancêtres et se sentent valorisés à leurs propres yeux, s'ils arrivent à s'en attribuer d'autres, n'importe lesquels, pourvu que ce ne soient pas ceux-là... Tu ne trouves pas, me disait-il parfois, beaucoup plus tard, que tout de même, quand on y pense... – Oui, je le trouvais... »

C'est très juste !

J'ai retrouvé aussi une interview dans laquelle ta mère, Nathalie Sarraute, évoque sa relation avec le judaïsme : « Je serais mal venue de prêcher la fidélité au judaïsme. Je suis totalement areligieuse et je ne sais à peu près rien de la religion juive. Ma famille était entièrement russifiée et assimilée depuis au moins trois générations. Ma grand-mère était une dame de Saint-Pétersbourg qui déjà identifiait tout ce qui était juif avec des survivances anachroniques et des éléments d'infériorité sociale et morale. [...] Pendant l'Occupation, je me suis sentie juive, c'est-à-dire injustement persécutée, mais nullement impliquée dans une culture et une religion que je ne connais pas. »

C'est tellement ça ! Moi-même, jusqu'à l'âge de 10 ans, j'ignorais que j'étais juive. Chaque jeudi – à l'époque, le jour de congé dans l'enseignement public et privé – mon grand-père maternel

« Diédouchka » nous invitait à déjeuner et nous donnait notre argent de poche ; un jeudi, il me demande :

« Alors, ta maman me dit que tu vas à la cantine de l'École alsacienne ; c'est comment ? »

Je lui réponds : « C'est horrible, Diédouchka ! Naturellement !

— Pourquoi ?

— Parce que l'intendant est juif.

— Ma petite fille, est-ce que tu sais ce qu'est un juif ?

— Bien sûr, Diédou, tout le monde le sait, toi aussi. Ils sont moches, ils ont les oreilles décollées, les cheveux crépus, un grand nez crochu, ils sont avares, ils sentent mauvais... »

Là-dessus, mon grand-père s'est levé, très droit, avec sa barbiche et ses cheveux blancs :

« Écoute-moi bien, ma petite fille : je suis juif, tu es juive et Jésus-Christ était juif. »

Jésus-Christ, je m'en foutais bien ! Mais mon grand-père, c'était sidérant ! Et moi, en plus ! Ce jour-là, le ciel m'est tombé sur la tête. Diédouchka s'est rassis, je me suis levée et je me suis sauvée dans la rue, catastrophée. Je me serais vue dans une vitrine en fillette noire avec un nez épaté que je n'aurais pas été plus consternée. Et le lendemain, vendredi, de retour à l'école, quand mes camarades de classe ont repris leur refrain sur ces salauds de juifs, de « youtres » et de « youpins » – c'est ce que j'entendais tous les jours –, j'ai été bien obligée de les interrompre, partagée entre le courage et la honte. J'ai dit : « Vous ne pouvez pas dire ça devant moi. – Pourquoi ? –

Je le suis. – Tu es... quoi ? – Je suis juive. – Oh, ma pauvre ! »

Pendant la guerre, mes copines ne voulaient plus me voir. Plus question de m'accompagner à l'arrêt de l'autobus... À partir de là, j'ai été séparée par un mur invisible du reste de la classe... Ma meilleure copine, Alexia, et moi, on ne s'invitait plus. On s'ignorait. J'en ai été très malheureuse. Alors je me suis vengée. À la Libération, comme j'étais très jolie et que j'étais déjà adolescente, j'ai flirté ouvertement avec les petits amis de toutes les filles qui m'avaient snobée. Je leur ai piqué leur petit copain, l'un après l'autre... sans y toucher ! J'étais une allumeuse-née...

Aïe, ça a commencé comme ça...

Oui, c'est là que je me suis fait la main, que j'ai appris à allumer sans éteindre la convoitise de mes soupirants. À ne jamais en choisir un pour ne pas décourager tous les autres. C'était jubilatoire ! Je me suis tenue à cette attitude hyper-payante jusqu'à mes 17, 18 ans, où, décidée à partir de chez moi, j'ai jeté mon dévolu sur un étudiant américain, vétéran de la guerre dans le Sud-Est asiatique, à qui sa fac, Harvard, offrait une bourse d'études – très conséquente à mes yeux – dans le pays de son choix. Je m'étais inscrite à la Sorbonne. Lui aussi. Et enlevez, c'est pesé, je l'ai très vite rejoint puis suivi dans les chambres d'hôtel et les ateliers prêtés par des copains où nous avons passé deux années géniales. Avec la bénédiction de mes parents, farouches partisans de l'union libre. Déjà, oui ! Là où ils ont tiqué c'est quand il m'a emmenée, tous frais payés, aux États-Unis pour m'épouser au titre de « GI's bride » : épouse étrangère d'un soldat américain ! Mais on en reparlera...

Tu as porté l'étoile pendant la guerre ?

Au début de l'Occupation, mon grand-père, le Diédouchka adoré de Maman, lui a dit : « Il faut qu'on aille au commissariat déclarer qu'on est juifs. On va nous donner les étoiles qu'on devra porter. » Ma mère est allée les chercher et, en revenant à la maison, elle a dit à mon père : « Jamais, jamais, on ne me la fera porter. »

Le surlendemain, mon grand-père foutait le camp en Suisse avec Véra et leurs enfants, Jacques et Lili, mais Maman a voulu rester là avec Papa dont elle avait divorcé.

En fait, mes parents, en 1940, tout de suite après le début de la guerre, ont décidé avec un ami intime, un professeur d'anglais, Alfred Péron – mon père couchait d'ailleurs avec sa femme Maria, mais ça c'est un détail –, de fonder un groupe d'intellectuels de la résistance, le réseau Gloria. Ils avaient d'ailleurs essayé d'avoir Sartre avec eux, mais Sartre s'est faufilé, il les a plaqués très vite. Samuel Beckett, un ancien élève de Péron, faisait partie de ce groupe. Il était aux abois, il n'avait pas d'argent, c'était la guerre. Il vivait dans un studio dans le XVe arrondissement et comme il ne pouvait pas se chauffer, il avait monté une tente, à l'intérieur du studio, dans laquelle il dormait.

Toutes les semaines, mes parents m'envoyaient chez lui et il me donnait des cours dignes de la faculté sur les vieux auteurs anglais. C'était pour lui rendre service financièrement ! De ma vie, je ne suis allée rencontrer quelqu'un en traînant autant les pieds... Il était pourtant génial ! Sa femme était remarquable et donnait, elle, des leçons de piano. J'allais beaucoup chez eux jusqu'à ce que, après la guerre, Maman se fâche contre lui parce qu'il avait dit un truc désagréable sur elle, dans un journal... Elle l'a pourtant caché dans une chambre de bonne au-dessus de l'appartement quand il avait été dénoncé à la Gestapo pour ses actes de résistance.

Il y a quelque chose que tu as dit que je ne comprends pas : tes parents ont divorcé pendant la guerre ?

Oui, pour les Allemands, avoir trois grands-parents juifs signifiait qu'on était juif. Du côté de Papa, personne ne savait que sa mère, morte de phtisie, était juive. Donc, si Maman divorçait, mon père était moins compromis et le cabinet d'avocats pouvait perdurer. Ma mère est donc partie se cacher avec mes deux petites sœurs, et moi je suis restée avec Papa dans Paris occupé. Ils se sont remariés bien après la guerre, en 1956, juste avant que Maman qui avait la tuberculose ne fasse une rechute. Il ne lui restait plus que trois semaines à vivre ; on barrait les jours ! Et miracle, un nouveau remède est arrivé de Suisse. Papa l'a veillée jour et nuit !

*J'ai lu dans une bio qu'en 1941, ta mère avait été
radiée d'office du barreau en raison des lois
antijuives et qu'elle se faisait alors passer pour
l'institutrice de ses propres filles ?*

Mieux que ça ! Quand on allait la rejoindre
dans sa cachette à L'Isle-Adam ou à Parmain,
près de Pontoise, on devait l'appeler Tante
Nicole ! Elle avait pris un faux nom : « Nicole
Sauvage », les mêmes initiales que Nathalie
Sarraute. Papa la faisait passer pour sa belle-
sœur ; un jour, ma petite sœur l'a appelée
« Maman » et a failli s'évanouir en pensant à ce
qu'elle avait fait, on a frôlé le drame.

D'ailleurs, Maman et mes sœurs ont été dénoncées au bout de six mois par un des commerçants
de L'Isle-Adam... Deux fois dénoncées, trois fois
cachées !

Avec Papa, on les rejoignait tous les week-
ends. Le problème, c'était durant la semaine :
mon père adorait me tripoter, me caresser,
mais sans jamais aller trop loin. Et moi, je le
laissais faire, ravie, genre Lolita, tu vois... Et
il n'était pas le seul, un de ses meilleurs amis
aussi, d'ailleurs ! Lui, il a failli me violer... !
Quand Maman a dit à Papa que son ami était
un malade, Papa s'est précipité dans ma chambre pour me consoler : « Ma pauvre petite fille,
mon bébé... »

Tu me racontes des choses terribles ! Parle-moi encore de cette période de l'Occupation...

Étant l'aînée et déjà lycéenne, j'étais donc restée à Paris avec mon père. Je continuais à aller à l'école. Dans la rue, il y avait des Allemands partout, mais on m'avait appris à ne pas les voir ! Dès qu'on sortait de l'appartement, c'était comme si un masque tombait sur nous, comme les femmes afghanes avec leur burka. Il n'y avait que nos sabots qui faisaient du bruit ; on ne disait pas un mot !

Ce qui m'a le plus frappée, c'est quand ma mère et mes sœurs sont revenues à Paris et que mon père a été enfermé à Drancy parce qu'il a été confondu avec un « Saraute » avec un seul *r*, un communiste.

Ma mère s'est couchée et m'a envoyée avec notre gouvernante Lillo à la Kommandantur, rue des Saussaies, et là, il a fallu que je fasse de la lèche – à 14 ans – à tous ces horribles boches ! Il fallait que je les charme, que je tortille, que je leur fasse un « Kniks » – une révérence – pour essayer de sauver la vie de mon père...

J'ai même dû aller voir le vieux président Millerand parce que mon grand-père Joseph Sarraute avait hérité son cabinet quand Millerand est devenu président de la République dans les années 20. Là, il n'était plus que sénateur et était devenu tellement gâteux qu'il ne comprenait rien ou ne voulait rien comprendre à ce que je lui disais !

Bref, un jour, on a appris que Papa serait relâché si son père jurait sur l'honneur que sa femme n'était pas juive. Mon grand-père qui était membre du conseil de l'ordre des avocats, risquant la vie de son fils, plutôt que de mentir, a préféré mettre fin à ses jours ! La première fois que je suis entrée dans une église, c'était donc pour l'enterrement de mon grand-père Sarraute, qui s'est suicidé pour éviter d'avoir à faire un faux serment sur l'honneur à ces saloperies, à ces nazis de merde !

Mon père est revenu de Drancy au bout de quelques semaines. Il a sonné à la porte, on était toutes là, il a pris Maman dans ses bras et quand elle lui a annoncé pour Grand-papa, il s'est évanoui, là, dans l'entrée de l'appartement. Quels souvenirs d'enfance ! Quant à mon grand-père maternel, lorsqu'il s'est enfui quelques jours après être allé chercher son étoile, il a laissé son usine à son plus vieil ami ; quand il est revenu en France, après la guerre, son meilleur ami lui avait tout pris : l'usine, l'appartement, tout...

Et le rationnement ?

Mes parents auraient préféré mourir plutôt que d'acheter un quignon de pain au marché noir ! On a donc mangé des rutabagas et des topinambours, comme tout le monde.

Mon grand-père Tcherniak nous envoyait des paquets depuis la Suisse, mais tout ce qui nous restait, à la fin de la guerre, c'était une bouteille de monbazillac, héritage de mon grand-père Sarraute, et une boîte de lait concentré !

Je me souviens qu'à un moment on a cru un peu tôt que Paris était libéré ; mes parents et nous, les filles, on a fêté ça ! On a mis une casserole d'eau sur le feu, quand l'eau a bouilli, on y a mis la boîte de lait concentré pour le caraméliser et on l'a mangé, à parts égales, en buvant le monbazillac ! C'était toujours mon père, pendant et après la guerre, au temps des restrictions, qui coupait les parts au millimètre près... Il m'avait expliqué que comme il se servait en dernier, s'il n'avait pas fait de parts égales, il aurait toujours eu la plus petite !

Tu as eu des amours adolescentes sous l'Occupation ?

Avant la Libération, j'ai beaucoup flirté mais je ne me serais jamais laissé prendre « mon petit capital » ! J'y tenais par-dessus tout, à mon petit capital !

Je l'ai perdu, plus tard, avec mon mari, et avec quelles difficultés... Mais on y reviendra.

Pendant la guerre, j'étais amoureuse d'un garçon qui était malade, tuberculeux, hospitalisé à l'Hôtel-Dieu ; moi j'habitais avenue Pierre-Ier-de-Serbie entre l'Alma et Iéna. Je traversais Paris tous les jours à vélo pour le voir ; ça pétait de tous les toits ; je n'avais que 17 ans. La Libération a bien porté son nom ! Nous sommes allées sur les Champs-Élysées, ma mère, mes deux sœurs et moi, pour voir de Gaulle descendre l'avenue...

Tes parents qui étaient de gauche sont devenus gaullistes ?

À partir du 18 Juin, passionnément ! Ils ont épousé totalement ses idées, puis celles des communistes, parmi lesquels il y avait beaucoup de résistants.

Même si ça t'embête de parler de ta mère, parle-moi quand même d'elle, en tant qu'écrivain, en tout cas...

Quand ils étaient encore étudiants à la fac de droit, Maman voulait déjà écrire comme on n'avait jamais écrit auparavant, et Papa – l'honnête homme – a immédiatement compris qu'il devait l'aider, la pousser, l'encourager, ce qu'il a toujours fait. Tu sais, mon chéri, j'ai été élevée, conditionnée, pour être la proche d'un immense écrivain ; Papa nous disait tout le temps : « Filez dans vos chambres, Maman écrit ! » Elle lui remettait toujours tous ses feuillets ; c'est lui qui disait « poubelle » ou « pas poubelle » ; c'est lui qui l'a initiée à la musique, à la peinture... Il a beaucoup compté pour Maman.

À partir de 1933, elle a donc travaillé sur son premier livre, *Tropismes* ; il a été publié en 1939 et, à cause de la guerre, il n'a connu qu'un succès confidentiel auprès de Jean-Paul Sartre, Max Jacob et d'autres... Mais tu peux ne lire que celui-là ! L'essentiel y est ! Pendant la guerre, toute cachée qu'elle était, elle a écrit le deuxième : *Portrait d'un inconnu*, et c'est Sartre qui l'a aidée à être publiée ; il en avait signé la préface. C'était en 1946 ou 1948... pardon, mais j'ai déjà du mal à retenir les dates de mes propres livres !

Ce qu'elle écrivait, c'était quelque chose qu'on n'avait jamais vu, ça c'est sûr ! Le principe, c'était « les mouvements infimes qui se déroulent en nous, si rapides que nous n'en prenons pas conscience »... Je t'explique. C'est : « Tu as un cheveu, ici, sur l'épaule, j'ai une envie folle de l'enlever, mais je ne le fais pas ; qu'est-ce qui se passe en moi, à ce moment-là ? » Autre exemple, dans une de ses pièces les plus célèbres, *Pour un oui, pour un non*, un type parle avec son copain, un des deux a réussi dans la vie, l'autre pas ; le modeste dit à l'autre :

« Dis donc, je ne t'ai pas dit, j'ai fait une conférence à Roubaix, il y avait 30 personnes.

— C'est bien, ça !

— Comment peux-tu me dire ça, sur ce ton-là, condescendant, limite méprisant ? »

Bref, des conversations et des sous-conversations !

Elle a aussi publié un recueil d'articles, *L'Ère du soupçon*, que les exégètes considèrent comme LE premier manifeste de ce qu'on a appelé le « Nouveau Roman », une formule inventée par un critique du *Monde*, un farouche détracteur, qui s'appelait Émile Henriot. Elle y expliquait qu'on ne pouvait plus écrire « dit-il », « s'esclaffa-t-elle »... Que tout ça n'était plus possible, que la psychologie extérieure n'avait aucun intérêt, si on ne rentrait pas dans la profondeur des sentiments... Que rien ne devait plus distraire le lecteur de ses impressions : ni l'intrigue romanesque, ni les personnages eux-mêmes !

Pas de décor, pas de description et, surtout, elle disait : « Le crime le plus grave de l'écrivain, c'est de répéter les erreurs de ses prédécesseurs. » Bref, ça a été une révolution !

Tu penses que c'est lequel, son meilleur livre ?

C'est son dernier, *Ouvrez*, en 1997, deux ans avant qu'elle ne parte ! Mais celui qui l'a rendue mondialement célèbre, c'est *Enfance* ; il était plus facile, il a ouvert l'œuvre de Maman à des millions de gens... Mais ce n'est pas ce qu'elle voulait, ça la vexait ! Alors, elle a écrit des livres de plus en plus difficiles... Il fallait voir quand je lui disais – parce que pour moi, il n'y avait que ça qui était important : « Dis donc, Maman, tu te rends compte, tu es dans la liste des best-sellers !

— T'es sûre ? Je ne te crois pas...

— Mais si, regarde.

— C'est effrayant, il doit y avoir une erreur ; comment c'est possible ? »

Elle ne voulait être connue que par les happy few. Puis son nom est entré dans le Petit Larousse, et quand, des années plus tard, je l'en félicitais encore, elle m'a fait : « Tu as vu qui il y a maintenant, dans ce dictionnaire ? Sagan ! Il y a Sagan dans le Petit Larousse et tu es fière que j'y sois ! »

Pourtant, Sagan était très admirative de Maman. Ma mère l'a reçue plusieurs fois. Sagan s'asseyait dans un fauteuil, au bout de son lit, et

Maman, qui trouvait donc plutôt méprisable ce qu'elle écrivait, était néanmoins très contente et flattée que Sagan vienne la voir.

Ne serait-ce que par ordre alphabétique, Sagan reste avant Sarraute dans les pages des S, je comprends que ce soit énervant...

D'autant qu'il n'y avait personne au monde qui était plus sûr qu'elle de son génie ! Maman se considérait comme le plus grand, un des quatre ou cinq meilleurs écrivains français, et se plaçait très haut dans le classement de la littérature mondiale ; d'ailleurs, à la fin de sa vie, elle relisait tous « ses concurrents » et me disait : « Proust, c'est nul finalement ! Flaubert, c'est vraiment surfait ! » Alors les best-sellers du moment, je ne t'en parle même pas ! Pour elle, un grand écrivain devait être méconnu, difficile d'accès et pouvait éventuellement sur le tard passer à la postérité.

Son œuvre a quand même été publiée dans la bibliothèque de la Pléiade en 1996, donc de son vivant, ce qui est rare, non ?

Si elle avait su que Duras y serait aussi ! Pour elle, Marguerite Duras, ce n'était pas de la littérature. Juste des romans de gare, des histoires d'amour...

C'est comme pour l'Académie française ; autant te dire que Maman aurait adoré être la seule et unique femme admise sous la Coupole, mais une fois que Yourcenar a été la première, c'était fini ; il ne fallait plus en parler ! Quand bien même ils n'y ont jamais pensé... De même, elle aurait aimé que Bernard Pivot l'invite toute seule à « Apostrophes » ou « Bouillon de culture » – il l'avait fait pour Duras –, une émission rien qu'avec elle. J'avais demandé à Pivot pourquoi pas Maman ? Il m'a répondu : « Je ne comprends rien à ce qu'elle écrit ! »

Tu as lu tous les livres de ta mère ?

Bien sûr ! Elle m'a donné chacun de ses livres et si je ne l'appelais pas pendant la nuit pour lui dire que je l'avais lu, elle ne me parlait plus pendant huit jours... Chaque fois, il fallait la complimenter, ne pas dire n'importe quoi ; Revel ne comprenait rien à ses livres et moi-même, je dois dire qu'ils n'étaient pas faciles, faciles...

Et ses pièces de théâtre ? Tu as évoqué Pour un oui, pour un non, joué encore, il n'y a pas si longtemps, par Samy Frey et Jean-François Balmer...

Tout a commencé par les Allemands ! Ceux d'après la guerre ! Ils lui ont demandé d'écrire des pièces pour la radio, qui ont ensuite été jouées par les Renaud-Barrault, au Théâtre du Rond-Point, avec des acteurs comme Francis

Huster ; le restaurant du théâtre était devenue sa cantine...

Mais elle n'était pas d'accord sur la façon dont ils avaient monté *Le Mensonge et le silence* : elle trouvait ça trop académique ! Elle a fait alors la connaissance de Claude Régy qui s'en est mieux sorti, entre autres, avec Gérard Depardieu... Tout dit sur un ton faux ! Elle ne voulait pas qu'on pense qu'elle écrivait du boulevard !

Qui s'occupe des droits d'auteur de ta mère, aujourd'hui ?

C'est ma petite sœur Dominique. Moi, je ne me suis jamais occupée de rien. Tu sais, d'ailleurs, quand Papa est mort en 85, Maman l'a remplacé par Domi, qui avait installé son atelier chez nos parents depuis un bon bout de temps. Ma mère régnait sur ses trois filles ; elle était terrible, tu sais ! Elle avait une emprise sur nous indescriptible. À la fin des années 60, j'avais beau avoir atteint la quarantaine, elle m'a interdit de voir ma petite sœur Anne pendant dix-huit ans.

Comment ça ?

J'adorais Anne, mais un jour, alors que j'étais déjà mariée à Revel et que j'étais dans ma maison de Bretagne, ma mère m'appelle (elle n'a dû me téléphoner que cinq ou six fois dans sa vie, puisqu'elle estimait que c'était aux enfants d'appeler) et elle me dit :

« Je t'appelle juste pour te dire que je ne te reverrai jamais ; je te parle pour la dernière fois.

— Mais pourquoi, Maman ? Qu'est-ce que j'ai fait ?

— Revel a écrit un article sur Ilia Ehrenbourg, mon meilleur ami, je le vois tous les étés à Moscou, qui vient de mourir, je ne te le pardonnerai jamais ! Comment as-tu pu le laisser écrire cet article ignoble sur mon ami ? Tu n'aurais pas dû le laisser faire une chose pareille si tu avais eu une ombre de respect pour moi. »

Tu peux me rappeler qui était Ilia Ehrenbourg ?

Il était membre du KGB, ce qui lui donnait la liberté de se déplacer dans le monde entier. C'était un auteur russe qui avait écrit pendant la guerre :

« Les Allemands ne sont pas des êtres humains. Ne disons rien. Ne nous indignons pas. Tuons. Si tu n'as pas tué un Allemand par jour, ta journée est perdue... Si tu ne tues pas l'Allemand, c'est lui qui te tuera... Si tu ne peux pas tuer un Allemand avec une balle, tue-le à la baïonnette... Si tu as tué un Allemand, tues-en un autre – à l'heure actuelle il n'est rien de plus réconfortant pour nous autres que de voir des cadavres allemands. Ne compte pas les jours, ne compte pas les kilomètres. Compte une seule chose : les Allemands que tu auras tués. Tue l'Allemand ! C'est ce que te demande ta vieille mère. L'enfant t'implore : tue l'Allemand ! Tue l'Allemand !

C'est ce que réclame ta terre natale. Frappe juste. »

Mais quel rapport avec ta sœur Anne ?

Ma mère était tellement furieuse que Revel ait critiqué cet écrivain qui continuait quand même de faire de la propagande communiste pendant la guerre froide, que sa colère envers Revel et moi a duré des mois, et qu'elle n'a accepté de renouer avec moi qu'à une seule condition : que je ne revoie pas ma sœur Anne que j'adorais ! Elle disait que j'avais une mauvaise influence sur elle et que si « Aniki » lui répondait mal parfois, c'était à cause de moi… J'ai alors fait une des choses les plus honteuses de ma vie, j'ai appelé Aniki pour lui dire : « Je ne peux pas continuer à ne pas voir Maman mais elle m'a demandé de ne plus te voir, comprends-moi. » Ma sœur a très bien compris, mais elle ne me l'a jamais vraiment pardonné.

C'est quand Papa est tombé malade et qu'il a fallu nous rendre d'hôpitaux en hôpitaux que nous nous sommes enfin revues… Les trois sœurs étaient à nouveau réunies. Dominique était près de Maman à la maison, et Anne et moi nous nous sommes retrouvées jour après jour dans la chambre de Papa ou dans les couloirs de l'hôpital, pendant les soins… On s'est reparlé, re-aimé. Entre-temps Anne s'était mariée, avait divorcé, avait eu deux enfants… Dix-huit ans après, tu te rends compte ! Anne aimait Maman au point d'avoir appelé sa fille Nathalie. Avant cette histoire, on passait souvent nos vacances ensemble et on s'amusait beaucoup... Elle est partie en septembre, l'an dernier, et j'aime mes neveux, Antoine et Nathalie, comme s'ils étaient mes enfants.

Tu sais qu'à force de me voir venir chez toi pour ce livre, tes voisins vont penser que je suis ton François-Marie Banier, l'homme de compagnie de Liliane Bettencourt !

Tu sais qu'il a fait la même chose avec ma mère ! François-Marie Banier a photographié ma mère, il a toujours aimé les vieilles dames ! À cause de cette affaire Bettencourt, le nom de Maman a été cité dans tous les journaux, avec celui de Madeleine Castaing, l'antiquaire ! J'en ai reparlé avec ma sœur Dominique qui, de nous trois, était la plus proche de Maman : il n'a rien pu obtenir d'elle, ma mère ne lui aurait jamais offert un café ! Il a commencé par arriver avec d'énormes bouquets et elle lui a dit : « Je ne veux pas de cadeaux, vous n'avez qu'à m'inviter simplement à dîner de temps en temps. » Alors il a remballé ses fleurs. Il venait la chercher toutes les trois semaines. Il était irrésistible, il traînait dans tous les dîners mondains et il racontait tout sur tout le monde à tout le monde. Il racontait par exemple comment Madeleine Castaing mettait du Scotch sur ses tempes et une perruque par-dessus pour tirer ses rides ! Ce qui nous faisait rire, mes sœurs et moi, mais ce qui nous faisait craindre aussi qu'il raconte des choses sur Maman !

DEUXIÈME PARTIE

TROIS MARIAGES,
DES ENFANTS, DES AMANTS

À quel âge t'es-tu mariée pour la première fois ?

Tôt ! Je te raconte comment ça s'est précipité... Un an après la guerre, mon grand-père Tcherniak revient de Suisse et vit chez nous pendant plus d'un an, en attendant de pouvoir récupérer ses biens. Il est atteint de la tuberculose et je fais moi-même une primo-infection ; je suis très malade et on m'envoie à Combloux pour me soigner. Entourée d'étudiants, je me rends compte que le bonheur est là, loin des parents, malade, mais heureuse ! On dansait, ma fièvre montait, mais on s'amusait !

Le problème, c'est que mes parents sont venus me rejoindre au mois d'août ! Ils se sont installés à Combloux et j'ai été obligée de quitter la maison des étudiants... Dès lors, je n'ai plus eu qu'une idée en tête : partir, ne plus vivre avec eux !

Le premier jour de la rentrée suivante à la Sorbonne, pour mes études d'anglais et de droit vers lesquelles mes parents m'avaient dirigée, je vois sur les marches un type blond, avec de jolis traits : Stanley Karnow. Étudiant à Harvard, mobilisé et ayant fait une très bonne guerre, il avait droit à une bourse de deux ans pour faire ses études en Europe – tous les vétérans de la guerre avaient droit à une bourse... Il était donc un peu plus âgé que moi mais il me convenait bien. Quelques semaines après l'avoir rencontré, j'ai dit à mes parents que je voulais vivre avec lui. Ils sont restés le bec dans l'eau et m'ont laissée faire.

Nous avons vécu dans des chambres d'hôtel à Paris, puis je l'ai suivi aux États-Unis en tant que « GI's bride », « fiancée de GI » ; je me suis ainsi mariée pour la première fois à New York, devant un juge. On a d'abord habité chez ses parents, des petits juifs de Brooklyn, on n'avait pas un rond !

Tu étais amoureuse de Stanley ou il n'était qu'un prétexte pour quitter tes parents ?

Les deux ! Et il fallait qu'il le soit, lui, amoureux, pour supporter tout ce qu'il a supporté ! Il n'osait pas me toucher : je poussais des hurlements dès qu'il mettait les mains en dessous de la ceinture... Il a dû attendre six mois avant de pouvoir me faire quoi que ce soit. Quand tu as été à moitié violée, tout te paraît anormal, tu as peur de tout ! Dès qu'il faisait un geste trop intime, je lui disais : « Tu es malade ? Je sais, ma mère me l'a dit : les gens qui font ça, ce sont des malades ! » Il a vraiment été patient !

C'est au cours d'un voyage en France, dans les Pyrénées, qu'on a trouvé un chalet extraordinaire avec un feu dans la cheminée et, pendant une nuit d'orage, on a eu une formidable engueulade et… c'est là que je me suis enfin offerte !

Mon premier mari a été un amour de mec ! Heureusement, il était plutôt doué ! J'ai mis du temps, mais finalement j'ai eu une vie amoureuse très intense !

Comment était ta vie aux États-Unis, avec ce premier mari ?

J'étais vendeuse à New York, dans la 14e Rue, au rez-de-chaussée d'une sorte de Monoprix-BHV, je bradais des petites culottes dans des parapluies, des soutiens-gorge… Bien avant que je refasse ça, quelques années plus tard, pour un bouquin, aux Galeries Lafayette !

Stan, lui, était VRP avec son père, dans les bagnoles.

On a aussi vécu à Greenwich Village. J'écrivais à mes parents qu'ils me manquaient, mais je mentais… Il faut que tu saches que le mensonge, c'est ce qu'il y a de plus important dans la vie ! C'est utile le mensonge, quand ça apporte du bien !

Quand enfin on est revenus en France, Stanley et moi, mes parents nous attendaient gare Saint-Lazare ; la première chose qu'a dite mon père : « Mais comment on va te divorcer maintenant ? »

Stan est devenu pigiste puis rédacteur à *Time Magazine*. Plus tard, il a même reçu le prix Pulitzer… Un jour, Revel me tend *Newsweek* : « Regarde, il y a un article sur moi ». Je feuillette et je tombe sur un article signé Stanley Karnow, « prix Pulitzer ». J'étais très fière, j'avais deux de mes maris dans le même magazine !

Qu'as-tu fait à ton retour à Paris ?

Comme Stanley était entré à *Time Magazine*, je n'avais pas besoin de travailler et mon rêve était de faire actrice ! J'en rêvais, comme je rêvais d'avoir des enfants ! J'avais l'impression que je pouvais y arriver. En fait, je n'étais douée ni pour l'un ni pour l'autre !... J'ai commencé à prendre des cours de théâtre chez Michel Vitold et Tania Balachova, et j'ai été immédiatement remarquée par de jeunes metteurs en scène du théâtre d'avant-garde ! Tu sais, mon cher chéri, j'ai joué Weingarten et aussi Dubillard !

J'ai joué *Akara* de Romain Weingarten en 1948, au théâtre Tristan-Bernard, avec le groupe de Théâtre moderne de la Sorbonne. C'était sa première pièce, très surréaliste, déjà, très absurde ! Ça avait fait du bruit, à l'époque. On avait présenté la pièce au concours des jeunes compagnies et la critique avait été particulièrement dure avec nous, mais on avait été soutenus par le groupe surréaliste au grand complet. Jacques Audiberti a écrit que c'était un « Hernani 48 », Samuel Beckett en a traduit un épisode en anglais. Mais après ce coup d'éclat, Weingarten s'est retiré pendant un temps de la scène.

La pièce de Dubillard s'appelait *La Partie de cartes*. J'y jouais un rôle d'hermaphrodite, incroyable de laideur...

Du metteur en scène aux acteurs, nous étions tous de fervents admirateurs d'Antonin Artaud, poète et théoricien du théâtre. Nous allions plusieurs fois par mois à la Rhumerie, où Artaud avait sa cour. Il était très vieux, très maigre, des pattes de poulet à la place des mains et il prenait de la coke.

Ce que tu appelles très vieux, ce n'est que 52 ans ! Il est mort en 1948...

Je ne m'en rendais pas compte ! J'étais jeune, moi, j'avais 21 ans ! C'était ses derniers mois, il avait déjà été interné et avait subi ses électrochocs. Il venait d'être libéré de l'asile de Rodez. Je le regardais, fascinée. Il sortait des paroles comme un oracle, il semblait complètement dans le cirage mais tout le monde était en admiration, certains notaient ce qu'il disait... pas moi !

Je n'ai été comédienne que de 1948 à 1952... Et j'ai recommencé grâce à toi, en 2002, avec *La Presse est unanime !*

Je me demande si tu n'as pas été un peu comédienne toute ta vie. Quand je te vois encore aujourd'hui à la radio faire semblant d'être fâchée contre moi ou jouer les plus naïves que tu ne l'es, je me dis que tu devais même être une bonne comédienne ...

J'étais meilleure comédienne à la ville qu'à la scène ! Si j'avais parlé vrai, j'aurais joué dans du boulevard, mais je jouais plutôt dans tout ce qui était d'avant-garde puisque je parlais faux ! J'étais moche, ronde et grosse, je portais des socquettes... Ma seule qualité, c'était ça : parler faux ! Je ne sais absolument pas dire le texte d'un autre ; je ne sais même pas lire mes propres textes ! Il arrive qu'on me le demande, mais je refuse systématiquement, je ne sais pas lire !

Tes parents étaient fiers que tu débutes une carrière de comédienne ?

Oui, parce que c'était des pièces intellectuelles ! L'avant-garde, ça leur plaisait beaucoup.

C'est à la même époque, fin des années 40, début des années 50, que tu étais communiste ?

Si l'on peut dire ! J'ai adhéré aux jeunesses du PC pendant dix-huit mois, tu te rends compte ! À la fac de droit, on m'avait dit : « Le seul pays où il n'y a pas d'antisémitisme, c'est la Russie », et comme mes parents allaient passer leurs vacances là-bas... je suis devenue communiste ! Enfin, communiste passive ! On habitait près du jardin du Luxembourg, je restais au lit et c'est Stan qui allait coller les pages de *L'Huma* sur les murs de l'hôtel pour moi ! Un jour où je m'étais fait porter pâle, ma directrice de cellule – un monstre ! – arrive dans ma chambre et aperçoit une pile de livres *Maurice Thorez, fils du peuple*... Elle me demande : « Mais qu'est-ce qu'ils font là, tous nos livres ? », et moi je lui réponds tout de go : « Tu m'as demandé de les vendre ! Je les ai payés, je vous ai donné l'argent, mais je n'allais pas les distribuer tout de même ! C'est trop nul ! Ça me fait honte ! Tu ne vas pas m'embêter avec ça ! »

Donc, comédienne, communiste... et comment es-tu arrivée au journalisme ?

J'avais la folie des fringues et je rêvais d'une paire de chaussures aperçue un jour dans une vitrine du Faubourg-Saint-Honoré. J'en étais raide dingue de cette paire de godasses ! Je rentre donc dans notre studio de Montparnasse que nous sous-louions, Stan et moi – c'était un atelier d'artiste, rue de la Grande-Chaumière –, et je commence à le tanner : « Paie-les-moi ! Offre-les-moi, ces chaussures ! » Attention, il gagnait bien sa vie à *Time*, et moi je gagnais que dalle (il payait même mes cours de théâtre).

Au bout de trois semaines à me répondre non – je lui en parlais jour et nuit –, il me lance : « Si tu en as tant envie, tu n'as qu'à descendre dans la rue pour faire le trottoir et tu gagneras de quoi te les acheter, tes pompes ! *Get out and earn them !* » On se parlait toujours en anglais avec Stan...

Folle de fureur, je dégringole les six étages, je me rue sur une cabine téléphonique, j'appelle ma mère : « Maman, il m'arrive quelque chose d'épouvantable ; il faut que je te voie d'urgence ! » Elle me retrouve dans un café de Montparnasse.

« Tu te rends compte de ce qu'il m'a dit ?

— Il a parfaitement raison ! Où est l'offense ? Tu es une putain ! Tu ne travailles pas à la passe, c'est pire, tu travailles au mois ! Il t'entretient entièrement ! Qu'est-ce que tu fais dans la vie ? Rien ! Si tu la veux cette paire de chaussures, vas-y, ma petite fille, gagne-la ! »

Je suis rentrée à la maison et j'ai dit à Stan : « Je ne vais pas faire le trottoir quand même, trouve-moi du travail ! »

Et c'est lui qui t'a fait entrer au Monde...

Non, tu vas trop vite ! Il avait un bon copain qu'il admirait beaucoup, Isaac Stone, un journaliste américain très à gauche, d'extrême gauche même pour un Américain, qui est venu trois mois à Paris pour commenter la guerre de Corée (1950-1953). J'ai commencé à être son interprète et sa secrétaire ; c'était un petit homme délicieux mais totalement sourd, il portait un Sonotone et me disait : « Ça vaut la peine que je me branche ou pas ? »

Quand Isaac est reparti aux États-Unis, j'ai dit à Stan : « Qu'est-ce que je fais maintenant ? – Tu ne t'inquiètes de rien... » Et il m'a trouvé le même job de secrétaire interprète pour un journaliste australien, Rolly Pullen, qui dirigeait à Paris le bureau du *Sunday Express*. C'était en 1954.

Le Sunday Express *est donc le premier vrai journal pour lequel tu as travaillé ?*

Tu parles ! C'était un quotidien pour les vicaires qui, le dimanche au petit déjeuner, devaient se tourner vers leur épouse en clamant : « *Listen to this, my dear...* » Un hebdo pour les provinciaux tels qu'on en trouve dans les romans d'Agatha Christie... Il recevait du monde entier des petites histoires, des anecdotes, je suis donc devenue échotière ! Et alors là, le bonheur a commencé ! Tous les lundis, je me jetais sur le *Sunday Express* pour savoir qui, de Paris, Rome ou Washington, avait montré le plus d'imagination ; et c'était souvent moi ! J'en tirais une fierté pas possible ! Ce sont mes extravagances qui passaient toujours.

C'est donc en inventant de fausses infos que tu as commencé à écrire ?

Oui, c'est de là qu'est venue mon ambition ! Tu te rends compte : je battais tous les autres bureaux du *Sunday* à travers le monde... Battre les autres, ça a dominé ma vie ! J'avais compris qu'il fallait être la meilleure dans sa cour, quel que soit ton domaine ! Donc, toutes les semaines, j'envoyais de Paris des échos insensés que j'inventais totalement ! C'était n'importe quoi, genre « une chatte en Auvergne a donné naissance à des triplés à deux têtes », « la duchesse de Windsor s'est acheté le même costume en 56 exemplaires »...

Du « Paul Wermus » quoi ! ?

Du Wermus ! Mais, attention, je tapais et j'écrivais en anglais mes premiers papiers ! C'était un coup d'adrénaline phénoménal quand j'ouvrais le *Sunday Express* et que je lisais : « depuis Paris »... Même si mes papiers n'étaient pas encore signés de mon nom, à l'époque.

Et alors, tu as pu les acheter, ces chaussures ?

Ça, c'est une bonne question ! Je ne m'en souviens même plus !

Tu n'as pas eu d'enfants avec Stanley ?

Non, ça, je m'en souviendrais ! Pas d'enfants, à cause d'un des nombreux conseils de ma mère... que j'ai achetés cash : « Jamais d'enfants avant 30 ans ! Je t'ai élevée comme un garçon, tu dois gagner ta vie d'abord ! Tu auras des enfants quand tu gagneras assez d'argent pour pouvoir payer une nounou qui s'en occupera pour toi. »

Mais Stanley ne voulait pas d'enfants, lui ?

Il n'en voulait pas du tout, il voulait des bateaux, il en était fou ! C'était sa passion ! Dans la vie, il était savant, il était physicien et...

Tu m'as dit qu'il était journaliste ?

Mais pas du tout, il était physicien, à Saclay, eh oui ! Et je l'admirais beaucoup pour ça.

Mais tu m'as raconté que c'était un journaliste américain, que tu avais fait des papiers pour un ami à lui...

Mon premier était...

Je crois qu'on ne parle pas du même, Claude...

Mais... on en est encore à l'Américain ? Ah bon !... (Rires.)
Ah, alors l'Américain ! Non, pas question d'avoir des enfants avec lui. J'étais jeune quand je l'ai choisi et c'était pour échapper à mes parents...

Alors raconte-moi plutôt comment ça s'est terminé avec lui ; c'était la première fois que tu quittais un homme, en fait ?

C'était la première fois puisque c'était le premier ! Je n'ai jamais quitté un homme sans en avoir un autre, là, à côté...

Pourquoi, à ton avis ?

Par peur de manquer !

Par principe ?

Non, l'instinct ! Je me souviens, sans vouloir me comparer à elle, mais j'ai lu ça dans ses Mémoires, que Bardot fonctionnait comme ça. Elle ne quittait un homme que quand elle était sûre d'en avoir un autre !

Tu te prenais pour Brigitte Bardot alors ?

T'es malade ! Non, j'ai un immense respect pour BB... Mais il y a beaucoup de femmes qui fonctionnent comme ça. J'étais avec quelqu'un, au bout de quelque temps, j'en prenais un autre, je menais une histoire à deux et un troisième arrivait, alors je quittais les deux premiers, je me mettais avec le troisième, et puis ça recommençait.

Tu trompais donc déjà Stanley, ton premier mari ?

Oh, oui, mais c'était des bêtises ! Stan, je l'ai quitté vingt fois ! Je suis restée avec lui jusqu'à ce que je tombe amoureuse de... Il faut que je te raconte tout ça ? (Soupirs.) Là, je suis vraiment tombée amoureuse...

Les Nations unies tenaient une longue session à Paris, au Palais de Chaillot, au Trocadéro ; j'y vais donc en tant qu'assistante, sur les talons de mon patron Rolly, le journaliste australien, et là je tombe sur Henri Pierre, qui était journaliste au service étranger du *Monde* : la deuxième étape ! une révélation ! C'est lui qui m'a fait entrer au *Monde*, en 1953, pour faire la ligne des programmes du service théâtre et cinéma... Quand on me demande comment je suis entrée au *Monde*, je réponds : « Sur le dos ! »

Donc, Henri Pierre, qui t'a fait entrer au Monde sur le dos, comme tu dis, a été ton premier amant ?

En fait oui... parce que les autres, avant, ce n'était pas vraiment ça. Lui, il était vraiment doué !

Comment ça se passait quand tu rencontrais un homme ? Il te draguait ou tu lui faisais comprendre qu'il t'intéressait ?

Écoute, j'étais quand même très draguée, j'étais très mignonne, il ne faut pas que tu l'oublies ! Et même si ce n'était jamais intéressé, j'avais un bon instinct parce que tous ceux avec qui j'ai eu une longue histoire, ou que j'ai épousés, m'ont servi dans la vie. Lui, il m'a fait entrer au *Monde*.

Dis-moi la vérité : quand tu le rencontres, tu tombes amoureuse de lui ou tu te dis : « Tiens, celui-là, il peut me servir... » ?

Ah, pas du tout ! Je peux comprendre que tu le penses, mais j'ai eu une chance incroyable ; quand on rencontre quelqu'un, au départ on ne peut pas savoir ! Quand je regarde dans le rétroviseur, du haut de mon grand âge, je peux donner l'impression d'avoir toujours couché utile, c'est vrai. En y repensant aujourd'hui, c'est peut-être juste, mais c'était faux en le vivant sur le moment. Je me laissais séduire, j'étais attirée par X plutôt que par Y, sans pouvoir imaginer un seul instant qu'il me rendrait service, d'une manière ou d'une autre... J'y allais d'instinct !

Tu ne dirais donc pas que tu as parfois été plus attirée par l'argent que par certains hommes ?

Non, je ne peux pas te laisser dire ça ! En revanche, l'argent a joué un rôle non négligeable dans la vie de la vieille pute que j'ai été et que je ne suis plus – hélas, bien obligée – depuis une bonne douzaine d'années. Il n'y a pas d'amour, il n'y a que des preuves d'amour. Des preuves tangibles : dîners, voyages, cadeaux, appart, maisons... mais aussi des preuves plus subtiles sous forme d'attentions, de compliments, de fleurs, de coups de téléphone aujourd'hui...

C'est donc pour un autre journaliste que tu as quitté ton premier mari...

Pas tout de suite ! Henri et Stan sont devenus copains, on mangeait ensemble, sa femme, Stanley, Henri Pierre et moi... les deux couples ! Eux, ils avaient trois enfants, enfin, deux au départ, mais comme elle sentait qu'il se passait quelque chose entre son mari et moi, elle a fait un trou dans – comment on appelait ça ? – dans son diaphragme ! Elle l'a coupé en deux et elle en a eu un troisième. Du moins, c'est ce qu'il m'a raconté ! Finalement, ça a facilité mes affaires pour le quitter parce que je venais d'en rencontrer un troisième... En plus, pour des raisons différentes, Stan et Henri Pierre ont dû repartir pour les États-Unis. Henri Pierre a été nommé chef du bureau à Washington et Stan, qui avait été engagé ici en free-lance, a décidé de se faire embaucher à *Time Magazine*. J'ai dit à mon mari : « Écoute, je viens d'entrer au *Monde*, je ne peux pas m'en aller comme ça. Va à New York, trouve un appartement et quand tu seras bien installé, je viendrai te rejoindre. »

Tu n'étais vraiment pas amoureuse, alors ?

Mon chéri, comment veux-tu rester aussi amoureuse au bout de cinq ou six ans ? Ça n'existe pas ! Là-dessus, à peine sont-ils tous les deux partis, que je rencontre le directeur de la rédaction du *Nouvel Observateur*... Et là, je commence une histoire avec Martinet !

Une histoire sadomaso, donc !

Non, Gilles Martinet, c'était son nom ! T'es bête ! Il dirigeait *L'Obs* avec Claude Bourdet... Alors là, avec lui, c'était la passion et tout ce que tu voudras ! On était mariés tous les deux et un jour, on a décidé de le dire, lui à sa femme, une Italienne, et moi à Stan.

Naturellement, à peine rentrée, je dis tout et lui, tu parles, le lâche : rien !

Ce qui veut dire que tu avais aussi gardé les deux autres !

Obligée ! Lorsqu'ils se croisaient à New York, Stan disait à Henri Pierre : « Mais je ne comprends pas, elle devait me rejoindre », et Henry Pierre lui répondait : « Je ne comprends pas non plus ! »

Quand Stan est revenu à Paris, on s'est installés dans un rez-de-jardin merveilleux à Boulogne. Vraiment joli. Et, bon, j'ai continué à mener une double vie. Après Henri Pierre, Gilles Martinet. J'avais une cage à oiseaux à l'époque ; je faisais la navette entre chez ma mère et chez Stan, avec ma petite valise et ma cage à oiseaux sous le bras. Quand j'étais trop énervée par Martinet, je retournais chez Stan... Ça a duré plusieurs années, jusqu'au jour où ma mère rencontre une vieille amie à elle, Greta, l'ex-femme de Tristan Tzara, qui lui dit : « Vraiment, je suis embêtée, Christophe, mon fils, n'a personne », et Maman de lui répondre : « J'ai l'impression que Claude n'a personne non plus en ce moment. » Voilà mon deuxième mariage arrangé par les parents !

Encore fallait-il qu'il te plaise, puisque tu en avais deux autres sur le feu !

C'est vrai ! En tout cas, Christophe Tzara m'a appelée sur les conseils de sa mère et moi, comme j'étais assez libre, même très libre, je lui ai tout de suite donné rendez-vous à Saint-Germain-des-Prés, chez Lipp, en face du Flore... On dîne, et ça y est ! Il me plaît complètement ! Il est jeune, il a 30 ans, il est libre. Je tombe raide, je balance tout le monde et je retourne chez Maman avec mes oiseaux. Christophe m'a fait une cour incroyable pendant des mois ; Maman habitait un rez-de-chaussée, il grimpait jusque dans ma chambre... C'était génial ! Une fois, il est parti 48 heures, je suis restée couchée ! En plus, on était allés à l'école ensemble, tout petits, une école Montessori, tu sais la méthode Montessori, un truc où il est interdit de contraindre l'enfant à quoi que ce soit... Bref, c'était déjà le plus adorable des petits garçons, un vrai casse-cou qui grimpait aux arbres ! Il était mignon, les joues roses, les cheveux noirs, irrésistible... Il n'avait pas changé !

Pourtant ta mère savait bien que tu n'étais pas libre, que tu étais une femme mariée ?

Elle n'a pas dû dire directement à son amie Greta : « Ma fille est une fille facile », mais plus simplement : « Ma fille est déjà mariée, mais on ne sait jamais, ça serait peut-être bien qu'ils se rencontrent, ton fils et elle... »

C'est terrible ce que tu dis !

C'était comme ça ! Ma mère détestait Stanley... Christophe, justement, un peu moins, parce que c'était le fils de sa copine. Revel, elle le respectait. Et Hans, ensuite, l'a complètement séduite.

Et donc j'ai dû demander le divorce. Stan a d'abord refusé. Il me sort : « Je ne te donnerai le divorce que si tu vas voir un psy. » Tu connais les Américains avec les psys ! Il fallait que le psy dise que ça me ferait du bien de divorcer.

Ma mère m'a conseillé d'aller voir Françoise Dolto. J'ai préparé pour Dolto tout ce qu'elle avait à dire à Stan ! Et quand Stan est revenu de chez elle, il m'a dit d'accord pour le divorce !

La vraie « Françoise Dolto » ? Tu ne savais pas que quelques décennies plus tard, tu ferais « Les Grosses Têtes » avec son fils, Carlos !

Elle non plus ! J'ai préféré Carlos ! Elle, je ne l'ai pas connue plus que ça... je ne l'ai vue qu'une fois et ça a été payant : on pouvait lui faire dire tout ce qu'on voulait ! Elle avait aidé ma petite sœur quand elle a eu des problèmes et Maman avait été très contente de son travail... Mais comme je me méfiais, je lui ai soufflé tout ce qu'il fallait pour convaincre Stan : que maintenant je n'avais plus besoin d'un papa, que j'étais affranchie, que je travaillais et que mon nouveau fiancé pouvait me convenir mieux que lui, que, par amour pour moi, il devait me laisser aller. Et elle l'a persuadé !

Ton premier divorce, donc...

Oui, le premier, et ça s'est bien passé ! Je ne voulais ni pension alimentaire, ni assister au procès, ni rien... « Je m'en vais et on oublie, on reste copains ! »

Je reviens un instant sur la cage à oiseaux que tu emmenais d'un homme à l'autre, partout avec toi... Pourquoi ces oiseaux étaient-ils si importants ?

Je ne sais pas. C'était des canaris chanteurs. Dès l'âge de 8 ans, j'avais toujours fantasmé sur la mort de mes parents dans un accident de voiture, et le fait de devoir prendre en charge mes petites sœurs... Mes parents ayant malheureusement survécu et n'ayant donc pas la charge de mes sœurs, je rêvais d'être mère de deux petits garçons. Les oiseaux les ont remplacés, je pense... Je les adorais ! Je n'allais pas les laisser chez Stan !

As-tu des nouvelles de ton premier mari ? Il vit encore ?

Après être devenu correspondant du *Time Magazine* à Hong Kong, ce qui était son rêve, il est revenu aux États-Unis ; il doit être à la retraite depuis longtemps ! À la mort de Revel, il m'a envoyé un mot de condoléances adorable, en me disant qu'il était fier de mon parcours.

Que faisait Christophe Tzara au moment de votre rencontre ?

Physicien, à Saclay ! C'était lui !... On s'est marié en 1955, le mariage le plus terre-à-terre possible : mairie du XVIe, avec Tristan, son père, et mes parents. Une formalité. Je ne m'étais pas rendu compte que ses parents étaient riches à ce point-là ; je ne l'ai compris que quand ils ont exigé un contrat de mariage !

Greta était en fait la deuxième fortune de Suède, Tristan était un collectionneur. Quand je suis arrivée pour la première fois chez lui, rue de Lille, il n'y avait pas un mur sans tableaux, des placards entiers remplis de manuscrits... Tristan Tzara était un collectionneur fou. Il avait fait construire pour eux un hôtel particulier totalement Art déco, avenue Junot, conçu par un célèbre architecte de l'époque, Adolf Loos, je crois...

Mais c'est le fils que tu as épousé ! Comment était-il, lui, Christophe Tzara ?

Irrésistible, adorable... mais un peu regardant : il épluchait les comptes ! Et son père, Tristan, c'était mille fois pire ! Tout partait dans ses collections ; la nuit de sa mort, une nuit de Noël, on ne savait pas comment l'habiller, tout était en haillons !

Lors de vacances en Sicile où j'avais emmené Tristan, alors qu'il était en rémission du cancer qui devait l'emporter l'année suivante (j'avais déjà rencontré Revel, à ce moment-là), je me souviens qu'à une terrasse, on avait commandé deux espressos : il a payé bien sûr – il était de la vieille école, ce n'était pas possible qu'il me fasse payer, devant tout le monde – mais il m'a tendu la main sous la table pour que je lui donne l'argent de mon café !

J'ai mis cette avarice sur le compte de sa passion dévorante pour les objets de collection, tableaux, statues, manuscrits, et je me suis exécutée avec un sourire attendri.

Dès que je te demande de parler de Christophe Tzara, ton deuxième mari, tu me parles de son père, Tristan...

Parce qu'il a été très important pour moi ! Après le départ de Greta, qui l'avait quitté pour le poète René Char, il a reporté tout son amour sur son fils Christophe. Nous aimions donc Christophe tous les deux, chacun à notre façon ;

ce qui a forcément créé un énorme lien entre nous ; Tristan passait toutes les vacances avec nous, on allait le voir tout le temps et il s'est beaucoup intéressé à ses petits-enfants, Laurent et Martin. Quand Tristan est mort d'un cancer du médiastin, ça a été une épreuve terrible. Nous l'avons soigné chez lui, avec sa femme de ménage ; il est parti dans des souffrances atroces... Comme il était condamné, il a été abandonné par la médecine, par les grands professeurs qui étaient censés s'occuper de lui... Alors avec Christophe, on a décidé d'abréger ses souffrances en faisant appel au médecin de quartier qui le suivait ; il nous a laissé une seringue sur un petit guéridon qui était dans l'entrée de l'appartement et on a dû faire la piqûre nous-mêmes. Son dernier soupir est une chose que je n'oublierai jamais ; il étouffait, avait des gestes de noyé...

Dirais-tu que tu étais autant amoureuse du père que du fils ?

Physiquement, non, pas du tout ! Mais j'aimais tendrement Tristan. C'est avec lui que j'ai commencé à louer des maisons. C'est lui qui nous a trouvé et nous a acheté des terrains sur lesquels Christophe a fait construire... Il était l'esprit le plus libre que j'aie connu, un homme passionnant. J'adorais aller au cinéma avec lui, par exemple, parce que je n'étais jamais sûre de ce que serait son opinion. Son appartement était une vraie caverne d'Ali Baba, c'était phénoménal ; le jour de son enterrement, la police a envoyé des flics pour surveiller l'appartement, parce qu'il est prouvé qu'il y a souvent des cambriolages quand toute la famille est au cimetière ! Il fallait protéger les statuettes grecques, les œuvres d'art primitif, d'art africain, des manuscrits de Sade, les toiles les plus belles.

Pendant que tu étais au cinéma avec le père, que faisait le fils, ton mari ?

Christophe préférait rester dans ses calculs et passait des heures à faire des dessins de bateaux... Tristan, c'était un personnage ! Aujourd'hui, on l'a un peu oublié... Il était roumain et s'appelait en réalité Samuel Rosenstock. Il se voulait poète ; il était arrivé en Suisse pendant la guerre de 14...

Tristan Tzara, c'est surtout un des fondateurs du mouvement dadaïste... Ça, c'est resté quand même !

Attends que je te raconte d'abord ! Les « Rosenstock » faisaient partie des familles juives à qui on refusait la citoyenneté roumaine, dans ces années-là.

Il a pris le pseudo de « Tristan » à cause de *Tristan et Isolde*, l'opéra de Wagner, et « Tzara » parce que ça veut dire « ma terre, mon pays » en roumain... Et oui, tu as raison pour le dadaïsme ; avec André Breton et les surréalistes ensuite, ce qu'ils voulaient, c'était choquer le public, détruire les structures habituelles du langage, démontrer que la poésie n'était que le fruit du hasard...

Tu connais par cœur un poème de Tzara ?

C'est impossible ! Ça ne voulait rien dire ! Y avait une chanson dada, tiens, je l'ai là : « un serpent portait des gants,/il ferma vite la soupape,/mit des gants en peau d'serpent,/et vient embrasser le pape,/c'est touchant/ventre en fleur/n'avait plus dada au cœur,/buvez du lait d'oiseaux/lavez vos chocolats/dada/dada/mangez du veau ! » Tu vois ?

Avec Christophe Tzara, ton deuxième mari, vous avez eu des enfants ?

Au départ, nous ne pouvions pas en avoir. J'ai vécu le drame de la stérilité, le désespoir, les règles qui viennent alors qu'on espérait le contraire... Ensuite, tous les traitements, des tue-l'amour épouvantables ! Ça a été une période difficile, enrichissante aussi, mais difficile, une expérience invraisemblable... Seulement moi, mon désir d'enfants me bouffait ; alors, nous avons adopté Laurent par le biais de la DDASS. Il avait 3 ou 4 mois ; nous sommes allés le chercher à l'hôpital Saint-Antoine ; il était adorable, blond avec les yeux bleus.

J'ai chaviré au bord du berceau, c'était mon bébé, il m'attendait.

Il n'était pas question que je fasse mon choix comme dans un chenil ! J'ai tendu mon doigt, le bébé l'a pris et j'y ai vu un signe... Je sais bien que ça n'en était pas un, mais moi, je l'ai vu comme ça... Christophe et mes parents m'avaient accompagnée – même si mon mari tenait beaucoup moins que moi à avoir des enfants. Et voilà que deux ans plus tard, arrive Martin. Quelle joie ! Mais Laurent sera toujours mon premier-né, mon fils aimé.

Et Christophe Tzara, tu l'as trompé, lui aussi ?

Un jour, pour *Le Monde*, je me rends à un festival à Athènes où je rencontre Jacques Lemarchand. J'avais une auto décapotable, je conduisais avec mon bras sur la portière, je l'ai emmené partout dans ma voiture ! Il m'a fait une cour d'enfer. Je m'étais laissé faire mais on ne s'était pas même embrassés. Je rentre avec lui à Paris et à l'aéroport, qui on croise ? Christophe, qui partait pour un colloque aux États-Unis. Christophe n'a même pas imaginé qu'il pouvait y avoir une histoire entre Lemarchand et moi. C'était un vieux monsieur, il aurait pu être mon père ! Mais j'ai eu une petite émotion...

Une fois rentrés, Lemarchand m'annonce : « Maintenant, je vais disparaître ! Je disparais pendant huit jours et dans huit jours je vous appelle. » Au bout d'une semaine, il m'appelle et me fait venir chez lui, rue des Trois-Frères, à Montmartre. Il m'ouvre la porte, je le regarde et il me dit : « Maintenant, j'aimerais vous embrasser. – Pourquoi maintenant ? – Mais vous n'aviez pas vu, j'avais des dents pourries, j'ai tout fait refaire en huit jours ! – Oh non, dans tout ce fouillis de rides, je ne pouvais pas voir ! ».

Lemarchand sortait d'une histoire avec la comédienne Sylvia Monfort, la nôtre commençait. Ça a duré environ quatre ans. Ce fut mon seul amant pendant le règne Tzara.

À part Christophe Tzara, tu as donc surtout collectionné les journalistes ! Jacques Lemarchand, c'était un grand critique du Figaro, *dans les années 50 et 60, c'est ça ?*

Oui, c'est lui qui, dans *Le Figaro littéraire*, a été le premier à saluer le travail du Théâtre de la Huchette et la création des pièces de Ionesco, *La Cantatrice chauve* et *La Leçon*. Il avait commencé à être critique dans *Combat* avec son ami Albert Camus. C'était LE critique ; il pouvait faire ou défaire un auteur, une pièce... Il avait été lui-même romancier avant d'être critique. C'était un découvreur, un type remarquable et d'une finesse... Mes parents ne lisaient que lui !

Mais pourquoi accepter les avances d'un autre homme ? Tu étais plutôt heureuse avec Christophe Tzara.

Oui, mais bon... Je t'ai déjà dit, moi, ce que j'aime, c'est la passion. Au bout d'un certain temps, c'est comme si tu vivais avec ton frère ou ton meilleur ami. Quand tu vois ton mari entrer dans une pièce, ton cœur ne se soulève plus. J'étais dans une époque plus tiède avec Christophe. D'ailleurs, j'avais déjà revu Gilles Martinet qui, entre-temps, était devenu ambassadeur à Rome, et j'avais passé quelques jours au palais Farnèse avec lui et une amie... C'était bien !

Tu étais une vraie coureuse, en fait...

J'ai eu une vie géniale ! Pour ce séjour à Rome, j'avais acheté un déshabillé noir, je trouvais ça très chic... C'est là que Martinet m'a proposé de faire des critiques de théâtre pour *Le Nouvel Observateur*, ce que je n'avais jamais fait. Toutes les semaines, il fallait que j'aille voir une pièce et que je fasse un compte rendu. En réalité, je n'en ai pas écrit un seul ! C'est Jacques Lemarchand qui m'a écrit toutes mes chroniques ! Jean-Pierre Coffe m'a dit un jour qu'il savait un secret sur moi... c'était ça !

Mais alors il écrivait deux papiers différents, un pour Le Figaro *et un pour toi ?*

Il s'arrangeait un peu, faisait avec ma façon d'être : j'avais encore un style très académique à l'époque. De tous mes hommes, c'est vraiment l'un de ceux qui m'a rendu le plus de services.

Il vit encore, Jacques Lemarchand ?

Malheureusement, non. Tu sais, c'est fou le nombre de gens qui sont morts autour de moi.

Mais pourquoi ne les écrivais-tu pas, ces critiques pour L'Obs, *puisque tu le faisais bien pour* Le Monde *?*

J'avais la flemme ! Je préférais traînasser au lit après l'amour... Lui, il se levait et il allait écrire. Ce qui est drôle, c'est que Revel est arrivé en même temps que moi à *L'Observateur*, mais je ne le connaissais pas encore. Il était chef du service culture et il lui est arrivé de dire du mal de mes papiers sans savoir que c'était Lemarchand qui les écrivait pour moi – Lemarchand qui, lui, était une autorité absolue et devant lequel Revel s'écrasait !

Et donc, au milieu de tout ça, la rencontre avec Jean-François Revel ?

Un jour, ma mère me dit : « Est-ce que tu te souviens, pendant ta pleurésie, je t'ai offert *À l'ombre des jeunes filles en fleur*... » Si je me souvenais ! C'était avant ma cure à Combloux, j'avais 17 ans et elle m'avait dit : « Tu es malade, tu vas devoir rester au lit pendant longtemps, je vais te faire un cadeau formidable qui va te faire tout oublier. » Et j'étais rentrée dans Proust, je ne peux pas te dire, tu ne peux pas imaginer... je nageais dans le bonheur !

Et là, vingt ans plus tard, ma mère remet ça :

« Maintenant, je vais te faire un autre cadeau, mais c'est un cadeau avec un élastique : je l'ai pris sur la table de chevet de Papa, tu vas le lire dans la nuit et me le ramener.

— Qu'est-ce que c'est ?

— C'est un chef-d'œuvre, quelque chose d'unique, je n'ai jamais rien lu de pareil, ton père est en train de le dévorer, ça s'appelle *Pourquoi des philosophes* et c'est inimaginable. »

Je l'ai lu dans la nuit. En effet, c'était une énorme bombe dans le milieu littéraire, un livre d'un énorme courage à l'époque. Il cassait en morceaux tous les philosophes qui nous entouraient. Ils étaient encore tous en vie et il leur rentrait dedans avec une verve incroyable. Je rapporte donc le livre à ma mère. Qui me dit :

« Tu ne sais vraiment pas qui c'est, ce Revel ?

— Non, Maman, personne ne sait.

— Mais moi, si. Ce doit être un petit juif, tout maigre avec une peau jaune, des yeux noirs perçants, et Revel c'est un nom d'emprunt. »

Il se trouve que le chef du service culturel du *Nouvel Observateur*, c'était lui ! Jean-François Revel ! En sortant de la première réunion du service à laquelle j'assistais en tant que nouvelle critique de théâtre, je me jette dans une cabine téléphonique :

« Dis donc, Maman, tu sais, ton petit juif maigre au regard noir, c'est un gros cochon, blond avec des yeux bleus ! »

Au bout de la troisième réunion, Revel me fait passer un mot me demandant de déjeuner avec lui. Je vais donc chez lui, place Fürstenberg, dans un appartement phénoménal, fabuleux, où le peintre Delacroix avait eu son atelier... C'était un appartement que de grands amis à lui, américains et homosexuels, lui prêtaient à l'année. Les mois d'été – les Américains redevenant parisiens –, Revel louait une chambre dans un petit hôtel qui donnait sur le Sénat.

M'en fiche de ces détails, raconte-moi votre première rencontre !

Je le voyais tous les mercredis pour la réunion du service culturel de *L'Obs*.

Au bout de quelques semaines, il m'a fait passer un petit mot pour m'inviter à un premier rendez-vous chez lui. Il venait de quitter sa femme et ses gosses. Une gouvernante, Madeleine, nous sert à déjeuner, un déjeuner merveilleux mais très bourgeois : des hors-d'œuvre variés, de la pintade au chou... Tout très lourd ! À la fin du déjeuner, il me dit : « Je vais vous parler franchement. Je ne peux pas déjeuner sans faire la sieste après... alors, si vous voulez la faire aussi, je vous laisse ma chambre, et moi, je m'allongerai sur le canapé du salon ! » Je n'avais pas l'habitude de ça ; j'ai préféré lui laisser faire sa sieste tranquillement et je suis partie. Et puis, plus rien ! À une énième réunion du service, Revel me dit : « Je ne comprends pas pourquoi vous avez écrit cette critique, tout le monde dit que c'est très bien, pourquoi avez-vous démoli cette pièce ?

— Écoutez, je vais toujours au théâtre toute seule, venez avec moi revoir cette pièce, on en discutera après. »

Il m'accompagne, se range à mon avis et me demande ensuite : « Où avez-vous envie d'aller souper ?

— Non, moi j'ai déjà dîné, je rentre, vous ne m'aviez pas parlé d'aller souper.

— La prochaine fois, vous ne mangez rien et on ira souper, après. »

C'était comme un ordre qu'il me donnait. Il me fascinait déjà, mais bon… La fois suivante, il me téléphone et, bien que j'entende derrière lui le bruit des machines à sous, le vacarme d'un bistrot, la musique, les verres sur le comptoir, il me dit : « Écoutez, je suis désolé, je suis au fond de mon lit, j'ai une énorme grippe… »

Ça commençait mal cette histoire !

Après deux rendez-vous ratés, on se retrouve au théâtre, chez Jean Vilar. Revel arrive en retard, ivre mort ; il portait à ce moment-là une casquette à la Sherlock Holmes. La pièce le fait dégriser pas mal – je ne sais plus laquelle c'était – et il m'emmène dîner au Fouquet's. Sur le trajet, dans la voiture, il se lance enfin : « Écoutez, il faut que je vous dise quelque chose, je suis amoureux de vous. »

J'étais aux anges ! Ensuite, on va chez lui. Je rentre chez moi, à 4 heures du matin, mon mari Christophe n'était pas couché et je lui dis : « Je suis désolée, mon chéri, mais là, j'ai rencontré quelqu'un, il faut absolument que je refasse ma vie avec lui ; nous c'est fini ! »

La nuit même ?

La nuit même ! Tu ne peux pas savoir, Revel me fascinait ! Quand il m'a emmenée la première fois au Fouquet's, il m'a dit : « Le prochain week-end, je ne serai pas là, il y a un colloque à Madrid, ta mère y assiste, je veux y aller pour lui demander ta main. » Le lundi suivant, je vais voir Maman. Pour une fois, elle s'est levée de son lit, a sauté dans le couloir et m'a dit : « Non, mais qu'est-ce que tu imagines ? Que Revel va t'épouser ? » Elle pensait que Revel étant une pointure, il ne pouvait pas s'intéresser à une petite chose comme moi qui ne pensais qu'aux fringues et aux chaussures !

Justement ! Tu t'y connais en pointures...

À cette époque, Tristan Tzara, le père de Christophe, était très malade et nous avions laissé les enfants chez nous, avec la nounou, pour habiter rue de Lille chez Tristan. Je passais beaucoup de temps à m'occuper de lui. Je ne pouvais pas partir, mais très vite, Revel m'a mise enceinte et j'ai été obligée de rompre avec Jacques Lemarchand... Et de quitter Christophe !

Revel t'en a donc fait quitter plusieurs d'un coup...

Le pire, ce qui rend les choses plus terribles encore, c'est qu'au chevet de Tristan Tzara, j'étais donc enceinte de Revel.

Ce bébé devait être trop lourd à porter, puisqu'il est mort-né. Et il a fallu que ce soit Christophe qui aille le déclarer, vu que j'étais encore mariée avec lui... Il a dû se taper les formalités de décès, déclaration, choix du cercueil, enterrement... Tout ce dont j'ignorais bêtement qu'il fallait s'occuper, croyant sans doute que ma fausse couche serait jetée à la poubelle. Il a été incroyablement gentil.

C'est aussi pour ça que quand j'ai attendu un deuxième bébé de Revel – Nicolas, qui est toujours bien vivant celui-là –, j'ai accouché sous X. Quitte à reconnaître mon fils après notre mariage, mais à mon nom. Sarraute sonnait mieux que Ricard, le vrai nom de famille de Revel. Surtout quand on s'appelle Nicolas !

Du coup, Revel a sollicité et obtenu le droit de remplacer à l'état civil son nom par son pseudonyme, et tout est rentré dans l'ordre, enfin, mon ordre !

Comment ça, tu as accouché sous X ?

Pour ne pas encombrer Christophe avec ce nouveau bébé. Nous étions toujours mariés légalement. Ce n'est qu'après qu'on s'est marié, Revel et moi, qu'on a pu reconnaître et régulariser la situation de Nicolas.

Raconte-moi comment tes deux premiers enfants ont réagi quand tu as divorcé de Christophe Tzara et ramené Revel.

Laurent et Martin avaient 8 et 6 ans. Gros drame ! Laurent, qui avait toujours été un peu jaloux de son petit frère, s'est épanoui quand leur père est allé habiter dans l'appartement de Tristan qui venait de mourir. Il était devenu le petit homme de la maison. Et puis j'ai décidé – mais ce que toutes les décisions que j'ai pu prendre étaient connes ! – de tout introduire en même temps, Revel et le bébé ! J'ai fait venir Revel en tant qu'ami, puis en tant que père d'un nouveau-né.

Il n'était pas question pour Christophe Tzara de garder les enfants avec lui ?

Oh, que si, et comment ! C'étaient des problèmes terribles. Au moment de notre séparation, j'ai demandé une pension pour les deux. Il m'a donné une très, très bonne pension, mais me disait tout le temps : « Je veux les reprendre ! » Moi, ç'aurait été comme de me couper un bras. Jusqu'au jour où Laurent, 10 ans, est passé de l'école communale au lycée Charlemagne : il y était perdu, il avait des mauvaises notes. Alors sur les conseils du lycée je l'ai fait suivre par un psy pour enfants. Christophe a réussi à tellement bien circonvenir le psy...

Comme toi avec Dolto lors de ton premier divorce...

Bon, d'accord ! Bref, le psy m'a dit : « Il ne supporte pas d'être, chez vous, avec son beau-père, il faut que vous le laissiez aller chez son père. » Peut-être avait-il raison mais, moi, j'en suis tombée malade, psychiquement malade ! Il m'a rendue folle ! Je me suis mise à prendre du Valium, des trucs comme ça... Jusqu'au jour où Revel me dit :

« Combien de temps tu vas te rendre malade avec ça ? Tu veux le récupérer, ce gosse ?

— Tu sais bien que je suis en train de crever parce qu'il me l'a pris !

— Donne-moi trois mois et il sera là !

— Qu'est-ce que tu vas faire ?

— Tu te tais et tu me laisses faire. »

Qu'a fait Revel ?

Il a acheté un chien ! Trois mois plus tard, Christophe ramenait le petit avec ses valises.

Le chien s'appelait Tobby, c'était un énorme briard qui, plus tard, s'est mis à mordre ! Un jour, j'étais en Israël, il s'est fait renverser par une voiture...

Le chien ou ton fils ?

Tobby ! Je l'emmène chez Klein, qui était le grand vétérinaire de l'époque, et il se retrouve plâtré. Le jour où on lui enlève son plâtre, Martin court vers le chien, de joie, pour jouer avec lui, lui mets son sac sur le dos et le recasse illico. J'ai dû ramener Tobby chez le vétérinaire ! Après ça, il a mordu plusieurs fois Martin... Jamais Laurent ! Jusqu'au jour où le médecin des urgences m'a demandé de choisir entre l'enfant et le chien. Il fallait bien que je donne le chien, je ne pouvais pas donner mon gosse... J'étais en larmes ; ce chien ne me quittait pas d'une semelle, il dormait au pied de mon lit...

Si je résume, ce chien t'a fait revenir ton premier enfant et ton deuxième enfant a fait partir le chien !

Oui, c'est vrai !

Mais dis-moi si ça se faisait déjà ? Tu avais dit à Laurent qu'il était un enfant adopté ?

Oui, ça se faisait déjà dans ces années-là. Sans qu'il comprenne, quand il était encore dans les langes, je l'appelais « mon amour, mon enfant choisi, mon bébé adopté, combien je t'aime, je t'ai tellement voulu ». Ça, ça allait ! Mais, là où j'ai tout raté, enfin, pas vraiment tout mais quand même, c'est en fondant une famille recomposée, une des premières à l'époque.

Imagine, j'ai incité mes deux petits Tzara à appeler Revel « papa », tout ça pour apprendre quelques années plus tard que c'était la dernière des choses à faire. J'ai passé ma vie à avoir des remords, surtout vis-à-vis de mes enfants. De ne pas leur avoir consacré plus de temps quand ils étaient petits et d'avoir eu tout faux quand ils étaient plus grands !

Je me souviens qu'un jour, ils devaient avoir 8 et 10 ans, j'ai fait un repas pour leur annoncer que j'étais juive… Comme mon grand-père l'avait fait pour moi ! Laurent a tout de suite dit que ça ne le concernait pas et Martin s'est renversé sur sa chaise :

« Eh bien, c'est tout ce qui nous manquait ! »

Si j'ai bien compris, Revel te plaisait intellectuellement, mais pas physiquement ?

Oui et non, parce que j'ai toujours eu le fantasme du gros monsieur… Je trouvais ça érotique ! C'était un vieux fantasme de gamine.

Explique-moi, là !

Adolescente, je voyais des statues d'hommes nus et je regardais cette chose qui pendait entre leurs jambes, mais je ne comprenais rien, j'étais d'une naïveté complète ! À l'école, j'avais déjà une cour de garçons autour de moi mais il n'était pas question que j'en choisisse un au risque de perdre tous les autres ! Donc, je n'avais jamais embrassé un garçon avant mes 16 ou mes 17 ans. Je m'étais juste rendu compte en faisant du vélo, quand je m'agitais sur ma selle, que ça me faisait de l'effet... Le soir, mon père nous racontait, à mes sœurs et à moi, toujours la même histoire, les aventures du gros je ne sais plus quoi et de la petite Tata. « Du gros bonhomme et de la petite Tata » ! Ça me revient ! Et moi, j'en avais fait un mixte. Quand je me tortillais sur ma selle, j'imaginais une grosse reine, entourée de mille serviteurs... ! J'avais imaginé une reine, parce ce que je ne savais pas comment c'était fait un homme... Voilà pourquoi le gros ventre de Revel m'a attirée, plus tard.

Mais c'est vrai que c'est surtout son cerveau qui me fascinait ! En fait, il me rappelait un peu les conversations que j'entendais à la table de mes parents ; il était tellement intéressant, il savait tout ! Les quinze dernières années de sa vie, ma mère faisait souvent travailler sa mémoire en essayant de se rappeler tel tableau qu'elle avait vu avec Papa, à Sienne, par exemple... Dans quel musée, dans quelle salle ? Très souvent, ça ne lui revenait pas. Elle appelait Revel, au milieu de la nuit, et il avait toujours la réponse ! Pas une seule fois, il n'a séché. Maman l'admirait beaucoup pour ça. Dès qu'elle l'appelait, il avait l'impression de passer le grand oral ! C'est ça qui était formidable avec lui, il connaissait tout à fond : l'histoire, les religions, les chevaux... Il suffisait de mettre une pièce dans la fente et hop, l'information tombait !

Peu de gens savent que Revel n'a pas été le dernier amour de ta vie... Il y a eu Hans aussi. Comment l'as-tu rencontré, lui ?

J'ai eu une histoire avec un professeur de droit, qui travaillait un peu au journal et qui était un ami de Revel.

(Rires.) Mais tu vas m'en sortir combien du chapeau ?

Celui-là, c'était Jean-Jacques Dupeyroux, un professeur du droit du travail. Revel, un jour, l'a amené à déjeuner, il m'a séduite mais je te raconterai ça une autre fois... Hélas, un jour où Revel fouille dans mon sac pour chercher je ne sais plus quoi, il tombe sur un bout de papier avec les initiales JJD et le numéro de téléphone. Il me demande : « C'est quoi ça, caché au fond de ton sac ?

— C'est rien, c'est Dupeyroux qui m'a laissé son numéro. Ça n'a aucune importance. »

Il n'était pas fou, ça l'a beaucoup touché et, très peu de temps après, il m'a trompée avec la secrétaire de Laffont chez qui il travaillait. Elle avait entre 20 et 23 ans, et moi le double ! Sauf qu'elle était grosse et qu'elle louchait comme tu n'as jamais vu quelqu'un loucher, vraiment, deux œufs au plat ! Il était amoureux d'elle... et il a fait l'erreur de me le dire. C'était ma première grosse !

Comment ça, ta « première grosse » ?

Après, quelles qu'elles aient été, quelque poids, âge ou look qu'elle aient eu, j'ai toujours appelé ses maîtresses comme ça : ses « grosses »... Parce qu'il y en a eu d'autres.

Pour lui c'était une façon de se venger ?

Peut-être, je n'en sais rien. Toujours est-il que je n'avais jamais été jalouse mais que je l'ai été des autres femmes que Revel a pu avoir : il n'y a que ce salaud qui m'ait trompée ! Il a toujours eu des grosses, ça me rendait folle, moi qui étais mince comme un fil, et quand j'allais voir Maman, au moins deux ou trois fois par semaine, elle me disait : « Ah, ma chérie, alors donne-moi des nouvelles de la grosse ! » Énorme !

Et Revel a voulu te quitter pour cette « grosse » ?

Oui, il était vraiment béat d'amour devant sa « louchon », un peu comme Don Quichotte était fou de sa paysanne, Dulcinée du Toboso.

Un soir de Noël, à la campagne, j'avais tout préparé pour une grande fête, quand il m'a annoncé à la fin du réveillon, un peu pété, qu'il ne pouvait pas rester avec nous et devait aller chez Daniel, un ami qui hébergeait « La Louchon ». Et il fout le camp en me laissant seule avec les trois enfants, et pire, il revient avec elle et me sort :

« Écoute, il faut que je te dise : je l'aime, je ne peux pas la laisser passer la nuit sous le même toit que Daniel. » Ça a peut-être été une des nuits les plus difficiles de ma vie. Il ne s'est pas couché, moi j'ai dormi dans notre chambre, et comme les parois sont très fines, je l'ai entendu lui réciter des vers pendant toute la nuit. J'avais 44 ans à l'époque et elle 22 !

Mais bon, tu l'avais trompé, après tout...

C'est inouï ce que tu dis, c'est d'un bête ! Pour la plupart des hommes qui trompent leur femme, il n'est pas question qu'elle les trompe de leur côté. Pareil pour moi. Ça n'a rien à voir ! La seule moralité de cette histoire, c'est qu'il ne faut jamais laisser un papier dans une petite poche de son sac ! C'est le B. A. BA et je l'avais oublié ! Qu'est-ce que j'ai pu souffrir ! Tu te rends compte qu'il l'emmenait à ma place chez nos amis. Il s'affichait partout avec elle ! Je l'ai su à cause d'un coup de fil de Pierre Salinger, le journaliste américain, qui, un soir, s'est trompé de numéro et m'a appelé en croyant téléphoner à l'autre : « Alors, qu'est-ce que vous faites avec Revel pour le pont de l'Ascension ? On vous attend toujours ? » Il pouvait toujours m'attendre ! Ce que je ne comprends pas, et c'est ça que je trouve intéressant, intéressant et nul de ma part, vraiment nul, c'est que je ne lui en voulais pas à lui, mais à elle ! La pauvre, elle prenait ce qu'on lui donnait, elle n'était pas coupable ; c'est lui que j'aurais dû détester ! Eh bien non, pas plus que ça, je glissais dessus... c'est quand même assez irrationnel ! C'est la grosse qui m'obsédait ! Jour et nuit, je me plaignais ; j'étais jalouse de la grosse !

Et Hans, alors ?

Attends, j'y arrive ! Revel partait des week-ends entiers avec elle et, pendant l'été, il avait été décidé que je resterais dans notre maison en Bretagne d'où je pouvais envoyer mes papiers pour *Le Monde* en juillet, et lui ne me rejoindrait qu'en août. Il arrive le 31 juillet, un jour en avance, j'étais toute contente, mais il me dit :
« Je repars demain. Je veux qu'on se sépare, je veux que ce soit comme avec ma première femme, je l'ai quittée, elle a gardé les enfants, je les verrai le plus souvent possible...
— Mon chéri, ce sera comme tu voudras. » Et je le prends dans mes bras...

Tu étais vraiment d'accord ?

Mais non ! À l'intérieur de moi, je me suis dit : « JAMAIS ! » Qu'est-ce que je pouvais faire ? Il fallait que je me trouve un mec, mais qui ne soit pas toujours là ! Je me souviens, à ce moment-là, avoir interviewé la chanteuse Régine pour le journal et lui avoir tout raconté, alors que je ne la connaissais même pas ! « Il m'arrive quelque chose de terrible, mon mari va me quitter, j'ai perdu dix kilos, je veux me flinguer. » Elle m'a donné un nom, André, et un numéro de téléphone.

C'était un nouvel amant qu'elle te conseillait ?

Du tout ! C'était un cartomancien. Je l'appelais à 2 heures du matin et il m'a évité dix ans de psychanalyse ! « Vous allez rencontrer, dans une église ou un endroit avec des dorures, un homme blond, très, très blond. »

Tu crois à ces trucs-là !

Attends, arrivé en septembre, je suis nommée critique de télévision au *Monde* et on m'envoie au prix Italia, où toutes les télés du monde se donnaient rendez-vous. C'était à Venise en 1971.

Je suis au palais Gritti et je vois un homme avec des cheveux très blancs, des yeux très bleus, beau comme un dieu. J'ai eu le coup de foudre. Je m'approche de lui, des étoiles dans mes lentilles, et je lui dis :

« J'ai compris que vous travaillez pour la télévision allemande, je débute comme critique de télévision et j'aimerais prendre un verre avec vous pour que vous m'expliquiez ce que c'est que la télé ! » Notre histoire a commencé le soir même ! Il était allemand, mais hambourgeois. C'est-à-dire anglais ! Les Hambourgeois sont plus snobs que snobs ! Il faisait faire sur mesure, à Londres, toutes ses chemises et ses chaussures. Hans était un virtuose de l'amour. Ça a duré près de quarante ans. Il avait un sex-appeal, ce garçon ! Il avait 49 ans, moi 45.

Avec Revel, ce n'était pas pareil ?

Revel, je l'ai adoré sans ressentir, sauf au début, un grand désir pour lui !

Sur ce plan-là, nous menions des vies séparées. Et j'en ai bien profité. Ce qui ne m'a pas empêchée, avec une mauvaise foi éhontée, de me tordre de jalousie à la pensée de celles que je qualifiais « ses grosses ».

Et tu as été assez culottée pour présenter ton amant à ta mère ?

Ma mère savait que « La Louchon » m'avait piqué Revel. Il y a un café avenue Marceau, à l'angle de la rue Jean-Giraudoux, où Maman est allée chaque matin de sa vie pour éviter l'appartement où Papa exerçait encore et où il recevait ses clients : elle ne supportait pas ça ! Au moins, je savais que je pouvais toujours la trouver là ; j'y arrivais souvent en pleurs, dès que j'avais un problème. Alors, au bout de trois mois, c'est elle qui m'a dit : « Je n'en peux plus. Arrête de pleurer et de me parler de cette histoire, intéresse-toi à ton travail, intéresse-toi à tes enfants, et surtout, essaie de trouver quelqu'un d'autre ! »

Alors quand j'ai rencontré Hans, bien sûr que je le lui ai dit ! Et la première fois que je l'ai présenté à mes parents, c'était à New York. Revel voulait me quitter et nous n'avons plus jamais fait l'amour ensemble après ça, donc j'ai passé les vacances qui ont suivi avec mes parents et Hans.

Incroyable !

Non, ma mère n'avait jamais pardonné que son père l'ait obligée à se marier et à avoir des enfants, alors qu'elle rêvait d'avoir la vie de Simone de Beauvoir...

Elle t'enviait alors ?

Peut-être un peu, oui.

Il faisait quoi Hans ?

Il était directeur d'une chaîne de télé en Allemagne, la ZDF, du moins un des secteurs de la ZDF. Il a aussi fait beaucoup de documentaires, sur la guerre, les sous-marins allemands. Chaque année il allait trois semaines à Los Angeles pour visionner des films qu'il achetait pour cette chaîne allemande.

Mais pourquoi vous n'avez pas divorcé, Revel et toi ?

Un mois après ma rencontre avec Hans, Revel m'invite à faire un tour du monde en huit jours ! Je lui dis alors que j'aimerais faire escale à Hambourg. Il a très vite compris pourquoi ; bien que je ne lui aie jamais rien dit, il voyait bien que j'étais au septième ciel... Mais il ne m'a jamais posé de questions. À partir du moment où Revel m'a dit que c'était fini entre nous, j'ai compris que je devais rencontrer quelqu'un d'autre. Je ne l'ai en quelque sorte jamais trompé puisque c'est lui qui a mis fin à notre vie sexuelle. Rencontrer quelqu'un n'était pas une vengeance mais plutôt une sauvegarde. Et c'est parce que j'étais amoureuse ailleurs que Revel est resté ! Si j'avais été là, à pleurnicher devant lui, à faire des scènes, il serait parti depuis belle lurette et moi, je ne voulais pas divorcer une troisième fois ! Tu comprends, mes aînés, les enfants de Tzara, l'appelaient « papa », je savais que c'était l'homme avec qui il me fallait vieillir.

Trois mois – et plusieurs week-ends chacun pour soi – plus tard, je croise Revel dans le couloir de notre appartement, quai de Bourbon, et je l'embrasse comme ça, pour rien, c'était plus fort que moi, en lui disant : « Je repars vendredi en huit. Toi aussi, sûrement. On devrait appeler ta mère pour qu'elle vienne à Paris surveiller la maisonnée. Quand je pense que j'ai été au désespoir, que j'ai perdu dix kilos à l'idée de te perdre et regarde comme on est heureux maintenant, l'un et l'autre. » Il s'est raidi dans mes bras sans répondre et il n'a plus jamais été question de séparation entre nous.

Et jamais vous ne vous êtes reparlé, lui de ses maîtresses ou toi de ton Allemand ?

Plus jamais, non ! Jamais un mot sur les « grosses » qui ont suivi ni sur l'inconnu – il s'est toujours comporté avec une discrétion absolue – qui partageait ma vie. Le mensonge, le silence, les prétextes qu'on évoque – reportages, séminaires, dîners d'affaires, colloques – pour aller voir ailleurs, c'était à mes yeux, et aux siens aussi par la suite, la clé de la durée d'un couple.

Tes parents continuaient donc à voir Revel aussi ?

Bien sûr.

Alors tes parents avaient en quelque sorte une paire de gendres...

Mes parents m'avaient prêché l'union libre pendant toute ma jeunesse.

Hans adorait mon père. Je t'ai dit que mon père était extrêmement cultivé, c'est lui qui a amené ma mère à la peinture, à la musique... C'était un dénicheur et un consommateur de talents. Comme mon père parlait allemand, et que sa mémoire était extraordinaire, il récitait des poèmes en allemand que Hans écoutait bouche bée. Sinon, on parlait tous en anglais avec Hans. Pendant des années, lui et moi, on est allés retrouver mes parents, puis ma mère toute seule, en vacances. Je me souviens que Papa marchait très mal à cause de ses rhumatismes, et que Maman partait devant sans l'attendre, alors Hans, très attentionné, faisait le chemin avec Papa. Revel, lui, c'était pour Paris.

Toutes ces vacances avec Hans nous ont beaucoup rapprochées, Maman et moi. Elle passait de longues heures, habillée de pied en cap, allongée de biais, à la tête de son grand lit. Moi, plusieurs fois par semaine, je m'installais dans un coin du lit et on parlait, de tout, de rien, des « grosses », de politique, d'amis communs. Elle avait un charme, un humour, une intelligence irrésistibles. Avec, de temps en temps, une vacherie qui lui sortait comme ça… Un peu comme moi, parfois, tu sais bien.

Donc, pendant près de quarante ans, tu as eu deux hommes en même temps ; Revel à Paris et Hans à Hambourg…

Que ce soit avec Revel ou avec Hans, on voyageait beaucoup. Avec Revel, j'avais droit chaque fois à tous les musées : les Offices, le Prado… Hans, lui, ne me traînait pas dans toutes les expos ; ça ne le gênait pas de rester dans la chambre, tout le temps d'un séjour. Hans était le plus fantastique de mes amoureux ! Il préparait une nuit d'amour comme on prépare un dîner. On commençait le matin et on finissait le soir ! Un virtuose, je te dis ! On se quittait, on se retrouvait, on rallumait un peu la flamme, on se calmait... Pendant des années et des années, on est « venus » ensemble sur le coup de minuit, le jour de la Saint-Sylvestre.

Et lui, il ne te trompait pas ?

Jamais ; je suis sûre de ça ! Moi, je ne l'ai trompé... qu'une fois ! C'était tellement extraordinaire nous deux ! Tu sais, il y a des jours où je ne pense qu'à Revel mais, parfois, je repense à mon histoire d'amour avec Hans. C'est étrange, jamais je n'aurais imaginé qu'une vieille personne comme moi puisse avoir des idées pareilles, se rappeler des moindres détails, genre : « Je me souviens, on faisait ça, on faisait ça aussi et c'était génial ! »

Jusqu'à quel âge ?

Jusqu'à la fin. Jusqu'à ce qu'il tombe vraiment malade. Il a eu un cancer de la prostate et à ce moment-là, on te châtre chimiquement.

Donc, si je t'ai bien suivi, tes parents connaissaient cette relation avec Hans, Revel faisait semblant de l'ignorer... et tes enfants ?

Ils l'ont su... Je leur en ai parlé le jour de l'enterrement de Revel : « Voilà, je ne voulais pas humilier votre père, je ne voulais pas que ça se sache, mais il y a quelqu'un dans ma vie depuis trente-sept ans. » Ils ont parfaitement compris.

Et aujourd'hui si un jeune homme te faisait des avances ?

L'idée de me mettre nue devant un homme, quelle horreur ! Tu sais, je dois marcher quarante minutes par jour à cause de mon vieil âge, et quand je vais à Clairis, là où j'ai une maison de campagne, je fais le tour d'un petit lac, il y a un pêcheur qui est là et on bavarde. Aujourd'hui, ça me suffit ; il me dit qu'il a 79 ans.

Il triche peut-être !

T'es bête !

Dis-moi quand même comment tu justifiais devant Revel le fait de partir pour aller voir Hans, certains week-ends ? Quels prétextes tu trouvais ?

Revel avait voulu divorcer, puis, d'un accord tacite, nous avons décidé de continuer à vivre ensemble, mais lui vivait sa vie et moi la mienne ; j'étais libre comme l'air. J'étais même trop contente de lui dire : « Je ne sais pas ce que tu fais le week-end prochain, moi, je m'en vais. » Aucune justification à donner. L'été, on mettait les enfants dans un centre merveilleux, genre kibboutz, dans les Pyrénées, qu'ils adoraient, et j'en profitais pour partir. Revel ne me demandait rien, aucune question !

Bref, c'était comme une convention entre vous.

Quand il est tombé amoureux de sa première grosse, il l'a emmenée à un salon du livre dans le Midi, et il l'a sortie à dîner, avec Françoise Giroud, devant tout le monde ! Pour mon honneur, c'était quand même lourd : j'étais la cocue de service. Moi, je n'ai jamais fait ça ! J'étais plus discrète.

Pardon, mais quand même, aux yeux de tes parents...

Mais Revel n'était pas cocu puisqu'il ne couchait plus avec moi ! Les seules fois où nous dormions ensemble, c'était en voyage, et il ne se passait plus rien ! Justement, je ne me suis jamais sentie aussi libre que lorsque j'ai rencontré Hans. Je ne trompais plus personne !

Je n'ai jamais été dupe ; remarque, il me les a toujours présentées avant de commencer une histoire avec elles ! Sa dernière, sa secrétaire à *L'Express*, celle-là, je l'ai détestée ! Elle m'a interdit de venir dans son bureau de *L'Express*. Est-ce que tu te rends compte ? Il fallait que j'attende en bas, dans la voiture. Un jour qu'il s'est trouvé mal chez elle, elle a appelé Jacques, notre majordome :

« Venez le chercher, il est mort, il est chez moi. » Jacques est resté près d'une heure, lui a donné des claques, a appelé puis décommandé le Samu et l'a ramené à la maison. Quand je lui ai demandé où Revel avait eu son malaise, il m'a répondu : « Chez sa conseillère fiscale ! » Je devais partir à Hambourg de mon côté, ce jour-là, pour retrouver Hans. Jacques m'a dit : « Il est bien, rassurez-vous, vous pouvez partir ! »

Un jour, ce n'est pas pour faire ma snob, mais nous sommes invités chez les Rothschild. Ils habitaient au bout de l'île Saint-Louis, c'était un musée du temps de Guy et de sa femme Marie-Hélène ; je me souviens d'ailleurs que les Reagan étaient là !... Bref, je marche deux ou trois mètres derrière Revel, nous allons vers la salle à manger où nous devions dîner, quand une amie à nous s'approche de moi et me dit :

« Ce n'est pas Revel qui est là ?

— Mais si !

— Il ne peut pas être là, il m'a dit qu'il était en Italie !

— Il est là comme je te vois ! »

Je me suis ensuite approchée de Revel, j'ai mis mes mains, par-derrière, sur ses hanches :

« Mon chéri, tu es dans la merde ! » Et c'est tout !

Tu sembles tout prendre à la légère, mais il y a bien des moments dans ta vie qui ont été très pénibles ?

Quand j'ai perdu mon premier bébé avec Revel... J'étais mariée avec Christophe Tzara, comme je te l'ai dit, nous avions Laurent et Martin, et je rencontre Revel. Étant donné qu'il m'avait été difficile d'avoir un enfant avec Christophe, je ne prenais aucune précaution. Et je ne suis pas avec Revel depuis quatre mois que je tombe enceinte ! J'avais déjà parlé de Revel à Christophe, il n'y avait pas de problème, j'étais même folle de bonheur. Et puis, alors que je suis enceinte de huit mois, je pars pour un festival dans le Midi, Revel me met dans le train, avec Martin qui devait avoir 4 ans. Le lendemain, j'emmène Martin à la plage et j'y croise une mamma arabe qui me demande depuis combien de temps je suis enceinte. Je lui dis : « huit mois » ; elle me répond :

« Impossible ! Vous l'avez senti bouger quand la dernière fois ? »

En effet, il y avait déjà un moment...

Je reprends aussitôt un train pour Paris et je fonce chez le gynécologue à la mode, que ma sœur m'avait recommandé, le docteur Velay, le gendre du professeur Dalsace, un médecin communiste – donc très coté dans l'intelligentsia –, qui avait importé en France l'accouchement sans douleur soviétique. Je soulève ma jupe, mets mes pieds dans les étriers, et il me dit : « Ça ne m'étonne pas, je n'arrête pas de dire dans les dîners en ville que votre grossesse se présente très mal. » J'ai enlevé mes pieds des étriers et je suis partie, sans remettre mes chaussures, en lui disant : « Vous êtes un beau salaud ! » Je suis retournée chez mon gynéco habituel et, en effet, j'avais un problème hormonal. Aujourd'hui, on te fait accoucher même prématurément, mais à l'époque, pas question...

J'ai donc promené ce bébé mort dans mon ventre pendant presque deux mois. Les gens que je rencontrais, les chauffeurs de taxi, voyant mon ventre rond, me félicitaient et feignaient la curiosité – à l'époque, l'échographie n'existait pas :

« Qu'est-ce que vous voudriez que ce soit ? Un garçon ou une fille ? » Et moi, je répondais : « Je m'en fous, c'est mort. » Un petit garçon mort ! Il est né à la date prévue, le 2 juin 1964. Et c'est ma mère qui par sa présence – merci, chérie – m'a aidée à supporter les trois jours de clinique qui ont suivi, devant le berceau qu'on avait oublié d'enlever. J'ai accouché avec une sage-femme qui passait par là... Le gynécologue ne s'est même pas déplacé, ça a été dramatique. J'ai été très déprimée pendant des semaines, sans compter toutes ces lettres de gens qui me connaissaient...

L'été qui a suivi, je suis partie en vacances avec Revel, et je pleurais tous les jours. Tristan Tzara était mort depuis peu, ça a vraiment été une des périodes les plus sombres de ma vie. C'est d'ailleurs la première fois que je voyais Revel pleurer.

Très vite, heureusement, il y a eu la naissance de Nicolas.

C'était en mai 66, j'avais 42 ans, à la clinique des Bleuets... C'est là-bas qu'il était chic d'accoucher à ce moment-là ! Ils avaient été formidables au journal : quand je suis retombée enceinte, ils m'ont tout de suite dit d'arrêter de travailler et qu'ils continueraient à me payer. Je suis donc restée à ne rien faire, comme une grosse baleine échouée, pendant plusieurs mois ; je me promenais, j'allais voir « mon amoureux » du moment : le patron adorable et excentrique de la Shakespeare Library – j'adore lire en anglais, tu sais bien –, il était là, il mettait sa main sur mon ventre, il me filait des romans à lire... Une grossesse très heureuse. Puis, un jour, Revel décide de partir en Italie avec un ami à lui, un photographe très renommé, Édouard Boubat, et me demande de l'accompagner pour me changer les idées. Pour savoir si ce voyage était raisonnable, il interroge mon gynécologue qui lui répond qu'il peut m'emmener même à Tombouctou, que de toute façon, une seconde fois, je n'irai jamais au bout de ma grossesse, qu'il n'y croyait pas. Heureusement, Revel ne me raconte rien de tout ça et m'emmène en Italie, adorable avec moi. On a fait un voyage de rêve, je me suis beaucoup amusée... Il en avait parlé à mes parents qui ne m'avaient rien dit non plus... Après la naissance du bébé, Revel est resté huit jours ivre mort sur mon lit ! Il n'a pas dessoûlé, jusqu'à ce qu'il me ramène à la maison !

En fait, pour les enfants, tu as fait tout le contraire de ta mère ; elle a eu trois filles, tu as eu trois garçons...

C'est pour ça que j'ai adopté Véronique ! Je te raconte ? J'ai toujours été ravie d'avoir des garçons : le bébé que j'ai perdu c'était un garçon, deux ans après j'ai eu Nicolas, encore un garçon. Donc trois garçons, parfait ! Tu sais, je suis une mère juive et les filles, ça ne compte pas ! Et puis un jour, alors que Revel était directeur de *L'Express*, qu'on ne le voyait plus, qu'il couchait avec sa secrétaire, et que Laurent et Martin étaient ados, je me suis dit que j'avais besoin d'une jeune fille pour les faire travailler... Il y avait bien Andres, à la maison, mais ce n'était pas suffisant...

Andres ? D'où tu me le sors, celui-là ?

D'Espagne ! C'était notre homme à tout faire ; il s'occupait de la maison et des enfants ; il était charmant, un peu comme mon « Jacques » aujourd'hui !

Aujourd'hui, la seule enfant dont Jacques ait à s'occuper, c'est toi !...

Andres savait tout faire, mais les garçons grandissaient et comme il était espagnol, il avait du mal à surveiller leurs devoirs... J'ai donc mis une annonce demandant une jeune fille au pair. Arrive une beauté blonde, très jeune, ravissante, elle me plaît. « Vous commencez demain. » Puis je continue quand même mes rendez-vous. Arrive une brune, Véronique, 16 ans, aussi belle que Diane Keaton dans *Annie Hall*. Je lui explique que j'ai engagé quelqu'un et lui demande de me rappeler dans 48 heures. On ne sait jamais. Le lendemain, la première jeune fille arrive, elle fait son travail, et le surlendemain elle m'annonce qu'elle ne peut pas continuer parce qu'elle a des problèmes de drogue avec son copain et qu'ils sont obligés de partir se cacher ! J'ai attendu toute la journée près de mon téléphone l'appel de Véronique, la brune !

Véronique n'avait plus rien. Sa mère était un ex-mannequin qui avait eu quatre enfants et elle l'avait mise en pension et ne la voyait que lorsqu'elle en avait envie ; si bien qu'après son bac, Véronique n'avait plus d'endroit où aller, elle n'avait même plus d'argent, elle a dû mettre ses derniers 20 centimes dans une cabine téléphonique pour m'appeler ! Je lui ai dit : « Arrive ! » Elle s'est installée et ça a été formidable... Elle s'est merveilleusement occupée des trois garçons et du chien, et je me suis terriblement attachée à elle. Des années plus tard, elle a voulu faire du journalisme, alors je l'ai aidée à décrocher un stage au *Monde*. Trois semaines après, comme elle était brillante, elle a été engagée au journal *L'Aurore*. Mais j'ai toujours trouvé injuste qu'elle n'ait rien de moi, à ma mort... Alors j'ai fait une démarche pour l'adopter, je voulais être en règle avec moi-même.

Je ne savais même pas qu'on pouvait adopter une personne adulte !

Si, la seule chose dont j'avais besoin pour adopter un adulte, c'était l'autorisation de mes autres enfants. Pas de son père ou de sa mère biologique, mais de mes enfants ! J'en ai parlé à Revel et je lui ai demandé s'il voulait adopter Véronique avec moi. Il m'a dit : « Je n'ose pas, par rapport à mes autres enfants, je ne peux pas. » Il se serait senti coupable vis-à-vis de sa propre descendance. Alors, je l'ai adoptée toute seule. J'ai demandé aux garçons s'ils pouvaient me faire une lettre d'autorisation. Ils l'ont tous faite sans problème. J'ai adopté Véronique très tard, les liens du sang n'ont pas de sens pour moi. L'adopter me paraissait une évidence...

C'était quand même une idée curieuse. L'adopter alors qu'elle avait déjà fait sa vie, qu'elle travaillait...

Moi, je trouvais ça tout à fait logique. Il ne faut pas oublier que tous les enfants appelaient Revel papa et que Véronique, à force de dire aux enfants « maman t'appelle », a fini elle aussi par m'appeler maman. Au final, c'est la seule de tous mes enfants à porter mon nom ! Quand je pense que tout est parti d'une petite annonce pour une jeune fille au pair ! Je dis toujours que j'ai eu ma fille par *Le Figaro*... comme mon appartement !

Et avec Hans, tu aurais voulu des enfants ?

C'est même comme ça que ça a commencé ! Au bout de deux week-ends passés à Hambourg, c'est la catastrophe : je n'ai plus mes règles. Après la naissance de Nicolas, Revel et moi nous avions fait tout notre possible pour avoir un autre enfant. Nous voulions une fille, mais il n'a jamais réussi à me mettre à nouveau enceinte. Donc, avec Hans, je ne prenais là encore aucune précaution, je pensais ne plus pouvoir avoir de gosse. Arrive le retard de règles et je me dis : c'est une catastrophe ! Avorter m'aurait fait horreur, mais avoir un enfant avec un Allemand, c'était pire encore !

Pourquoi, puisque tu étais amoureuse de Hans ?

Arrête ! Ça n'a rien à voir ! J'étais amoureuse, mais ce n'était pas du tout la même chose d'avoir un bébé avec un Allemand !

Mais quelle est la différence ?

Énorme ! Tu sais, les Allemands, ce sont des ordures ! Enfin, c'est ce que j'ai dans la tête depuis la guerre... Celui-ci était trop bien mais... non, ce n'était même pas pensable ! Et lui, fou de joie, me voyait déjà divorcer, venir m'installer avec mes gamins en Allemagne, enfin, n'importe quoi ! Heureusement, ce n'était qu'une fausse alerte, mais quelle alerte ! En plus, vis-à-vis de Revel, j'aurais été obligée d'officialiser le fait que je le trompais ! Ça non ! Je voulais faire exactement le contraire de ce que lui, Revel, m'avait fait subir : me mettre les points sur les *i*, me raconter qu'il aimait quelqu'un d'autre... Je trouvais ça nul !

Tout ça fait une sacrée vie de famille ; famille recomposée, mais famille quand même... Vous fêtiez Noël tous ensemble ?

Oh ! là, là ! oui. Un 24 décembre, j'avais oublié de demander à Jacques – qui s'occupait déjà de la maison – de me préparer, pour 17 heures, ma vodka habituelle. Je n'en buvais que ce soir-là et aussi quand j'allais rejoindre Hans en Allemagne ou ailleurs. Les enfants étaient déjà grands et nous étions tous à table, Revel à un bout, moi à l'autre, et autour les enfants avec toutes les pièces rapportées, les femmes, les petits-enfants... Et soudain, je me dis : mais qui sont tous ces gens-là ? Si ce n'était pas mes enfants, jamais je ne dînerais avec eux ! Et pourtant si l'un d'eux se cassait la jambe... j'en serais malade. Je suis sortie de table, j'ai bu ma vodka au goulot dans la cuisine et je me suis calmée.

Mes petits-enfants et mes arrière-petits-enfants, aujourd'hui, ça me remplit de bonheur.

Mais plus ça va aller, moins je me vois, quand ce sera au tour des arrière-arrière-petits-enfants, faire semblant de m'intéresser, gagatiser, être là devant ces choses à peine nées, toutes aussi fripées que moi, et continuer à faire : « Oh, qu'il est beau le bébé, gaga, gnana, guiliguili... » J'ai passé l'âge !

Tu sais que je rêvais secrètement qu'un de mes fils soit homo ! Pour le garder, pour qu'il ne se marie pas avec une fille qui aime sa mère, pour ne pas le perdre ! Et non, ils sont tous hétéros ! Je n'ai pas eu de chance !

Tu n'essaies pas de me dire que tu regrettes d'avoir eu tous ces enfants ?

Alors, ça, non ! Je m'en félicite au contraire, ils sont adorables avec moi. Ils me grondent, ils me taquinent, ils se succèdent dans notre maison de campagne en Bretagne, quand j'y suis, l'été.

Non, regretter d'avoir eu des enfants, ça, c'était le truc de Maman ! Elle n'a cessé de répéter à mes sœurs et moi qu'elle n'était pas faite pour ça !

Tu ne vas pas me faire le coup de l'enfant traumatisée de s'être sentie mal aimée ?

Non, pas du tout, mais je ne me suis jamais sentie aimée... À l'âge de 8 ans, je me suis demandé : « Mais qu'est-ce qui arrive avec Maman, pourquoi c'est si difficile ? » Et, là, j'ai eu comme une illumination et je m'entends répondre moi-même à cette question : « Ne cherche pas, elle ne t'aime pas ! » Si tu préfères, elle m'aimait d'instinct parce que j'étais sa fille, mais elle n'aimait pas la personne que j'étais ; elle détestait tout de moi ; j'étais tout son contraire ! Coquette, menteuse, futile et plus tard volage !

On peut aussi t'admirer : tout le monde n'est pas forcément capable de pratiquer l'adultère ou d'avoir une double vie, ça demande toute une organisation...

Tu as raison, parfois, c'est d'un chiant ! Heureusement que j'avais un peu d'imagination ! Il faut souvent se creuser la tête, mon doux ! Et surtout ne pas se prendre les pieds dans les scénarios élaborés. Parler du mariage d'une copine le samedi suivant, l'oublier, et se lancer le lendemain dans l'évocation d'une première à Londres ! Il faut toujours trouver des raisons et surtout pour une femme, même journaliste, ce n'est pas évident. Tant que c'était avec Lemarchand – le critique, tu te souviens, mon chéri ? – et que j'allais couvrir des événements théâtraux en province, ça allait. J'étais prudente, mais ma vie aurait été impensable sans amant ; tu sais que physiquement, ça prend à peu près deux ans avec un amant pour trouver ce qui nous plaît le plus... Après, on va au plus efficace et on tombe dans une routine.

Trouver ce qui plaît le plus ? C'est le but d'une femme ?

Oui. Pour moi, faire jouir, c'est presque plus important que de jouir moi-même. Quand j'étais vendeuse aux Galeries Lafayette et qu'une cliente me disait « je le prends ! », c'est comme si un homme un peu dur à la détente me disait « je viens ». Tu domines, c'est toi qui mènes le jeu !

Et l'interdit, le secret rajoutaient évidemment à la relation ?

Attends ! C'est pécher ! C'est extraordinaire comme piment... Mais la faute impardonnable, c'est d'aller le raconter à la personne avec qui on vit, de lui dire qu'on a quelqu'un d'autre. Sauf si on est décidé à le quitter, bien sûr !

Il faut reconnaître qu'on a des métiers qui facilitent la tâche...

Je me souviens d'une année où Revel m'annonçait régulièrement qu'il allait à Madrid.

Il s'y rendait toutes les trois semaines pour interviewer le roi ! Chaque fois, il faisait semblant de revenir désolé, parce que le roi avait été contraint de reporter l'entretien à la dernière minute, pris par d'autres obligations. Loin de lui rire au nez, je voyais dans ses mensonges un signe de respect et d'attachement. C'est une question de génération.

Il y a une tendance actuelle dans certains couples, on va dire, à « la liberté mutuelle autorisée », mais à une condition : ne rien cacher, tout raconter à son compagnon de vie.

Moi, là, ça me choque. C'est trop facile et trop cruel. On s'épargne des efforts d'imagination. Bon, c'est vrai qu'on s'épargne aussi les remords de l'adultère, mais on risque de faire supporter à l'autre une souffrance qu'il est obligé, sauf s'il veut rompre, de dissimuler, ou d'encaisser. En plus, je trouve ça mufle pour la tierce personne, impliquée malgré elle dans ce petit jeu de la vérité.

Mais quand même dis donc, tu as beaucoup changé, au fil des années, par rapport à ton premier homme, le pauvre Stanley, qui pouvait à peine te toucher ?

C'est lui et plus tard Henri Pierre qui m'ont tout appris ! Henri m'a ouverte à quantité de possibilités. Il a fait mon éducation sexuelle. Mais ce n'était encore rien par rapport à ce que j'ai pu connaître avec le dernier, Hans.

Et tu n'as jamais eu d'aventures homosexuelles ?

Quelle horreur ! Non ! Que je te raconte une des nombreuses fois où je suis allée à New York, sur la 42e Rue, et que, pour la première fois, j'ai découvert tous les sex-shops. Je voulais absolument entrer, par curiosité, mais pas toute seule, et Revel ne voulait pas y aller avec moi. Alors, il a demandé au journaliste animateur Claude Villers – qui était en poste là-bas – de m'accompagner.

On arrive et la première chose que je vois, c'est un énorme coucou de femme en plastique, un sexe de femme ! Une horreur ! Toutes ces lèvres, ces poils autour… Je me suis dit : « Les hommes sont fous ! » Donc, l'idée de faire ça avec une femme, pour moi, c'est impossible ! Ça m'a tellement dégoûtée qu'après, avec certains partenaires, dès qu'ils descendaient par là, je me figeais et je me disais : « Le pauvre garçon, qu'est-ce qu'il ne va pas trouver ! »

Tu ne t'es jamais fait draguer par une femme ?

Si, deux fois. La première fois, c'était au lycée. J'avais quitté l'École alsacienne pour aller à Victor-Duruy et, avec une copine dont les parents vendaient de la mercerie sur les marchés, nous sommes allées seules au cinéma. J'étais très naïve, elle m'a tenu la main tout le long du film et ça m'a bien plu. Quand j'en ai parlé à mes parents, ils m'ont bien sûr interdit de la revoir ! Une autre fois, bien des années plus tard, alors que Christophe Tzara me faisait une cour qui a duré trois mois, j'ai rencontré une dame qui avait un magasin phénoménal de tissus d'ameublement. Elle m'invitait tout le temps ! J'étais contente de la voir et quand je lui ai dit que je partais avec Christophe pour Méribel, elle m'a dit : « Je viens avec vous ! » Je ne comprenais pas pourquoi et c'est Christophe qui m'a ouvert les yeux !

En tout cas, sexuellement, tu as connu des débuts difficiles, mais tu t'es bien rattrapée...

Attention, je voudrais dire que tout le monde est trompé par les films ! Tu remarqueras qu'au cinéma, la première fois que le couple couche ensemble, dans 99 % des cas, ça se passe bien, ils se réveillent dans les bras l'un de l'autre et, d'ailleurs, quand ça s'est mal passé, le couple est dos à dos... En réalité, c'est très rare que ça se passe bien, c'est même très difficile, la première fois. Ça me gêne de parler de ça...

Tu parles ! Tu vas me jouer la timide, maintenant...

Bon, tu découvres quelqu'un, il ne sait rien de toi, et essayer de guider un homme quand tu es une femme... Pour des jeunes gens inexpérimentés,

120

ça tourne souvent à la boucherie. Et même plus tard, c'est très délicat ! Moi, ça m'a toujours pris des mois. La sexualité, c'est tout un parcours, ça prend du temps. Et pour que dans un couple chacun puisse parler de ses fantasmes, ça prend encore plus de temps. D'autant qu'avec la vie à deux, ton appétit diminue, tu t'ennuies au bout de deux ans et là, tu trompes ton bonhomme ! Voilà pourquoi ce qui est amusant, c'est la passion, la nouveauté ou l'interdit !

Donc, c'est l'inconnu qui t'attirait... ?

Non, parce que, moi, j'ai toujours eu besoin de sentiments et d'admiration. Pour coucher, je n'ai pas seulement besoin d'aimer – faut pas exagérer – mais d'avoir le béguin ! Et pour avoir le béguin, j'ai besoin d'admirer, histoire d'être flattée par l'attention qu'on me prête. D'ailleurs, tu sais, même si c'est le roi des cons, les femmes trouvent toujours quelque chose à admirer. Même si c'est un homme qui reste à la maison et qui s'occupe des enfants, elle dira que sa quiche est la meilleure du monde ! Je suis sûre que l'admiration, ça vient de l'âge des cavernes : c'était le reproducteur qui savait se battre et chasser pour nourrir la famille.

Il ne me serait jamais venu à l'idée de me laisser draguer dans une soirée ou dans la rue par un parfait inconnu ! Il paraît qu'on est encore nombreuses dans ce cas-là ! C'est l'instinct atavique de la femme à la recherche d'un père fort, solide et prospère pour assurer l'avenir de ses petits. Tant pis si je fais râler mes copines féministes ! L'autre chose importante, c'est qu'on a toutes un fond de sentiment. C'est terrible pour une femme : dès qu'elle couche, elle s'attache !

Avoir besoin d'admirer l'autre, est-ce que c'est ça, vraiment, l'amour ?

L'amour tout court, pour moi, ça ne veut rien dire parce que ça veut tout dire : l'amour de la nature, de la patrie, de Dieu, du prochain. L'amour auquel je pense, moi, se pratique le plus souvent à deux – mais pas toute la vie les deux mêmes ! – et de plus en plus longtemps ! La ménopause n'est plus la date limite au-delà de laquelle nous ne serions plus bonnes pour la consommation. Au contraire ! Moi, c'est le moment où je me suis sentie libérée. Oubliés les règles douloureuses, la pilule, le stérilet et tout le tintouin ! L'amour, on peut continuer à le faire jusqu'à plus d'âge. Question de besoin, de goût, de talent et de faculté d'adaptation !

À condition de disposer d'un partenaire !

Tu as raison, parce que passé un certain degré de décrépitude, c'est pas évident d'en trouver un ! Je sais bien que de plus en plus de femmes ne craignent pas de se mettre en ménage avec des hommes de dix, quinze ou vingt ans leur cadet. Mais, normalement, au bout d'un certain temps, toujours en vertu des lois de la reproduction qui poussent les mâles à prendre pour compagne de belles poulettes capables de pondre de beaux enfants, ils se tirent !

Toi, question « partenaires », tu as été plutôt gâtée...

Pourtant, tu as raison, ça avait mal commencé, mais ma libido endormie jusqu'à l'âge de 18 ans s'est éveillée et le talent de mes partenaires l'a multipliée par dix ! Après, elle s'est assoupie à nouveau, très naturellement, très tranquillement, au fur et à mesure que l'occasion de s'envoyer en l'air se fondait dans la tendresse... La tendresse complice des liens tissés par le temps.

Comme c'est joliment dit ! C'est drôle, parfois tu parles comme on écrit, en revanche tu écris souvent comme on parle !

À propos de complicité dans le couple, je me souviens d'un vieux téléfilm hollandais – ça date des années 80 – où on voyait un très vieux monsieur et sa femme en train de faire leurs besoins, accroupis côte à côte, et qui prenaient, entre deux ahanements, encore du plaisir à déféquer en même temps !

Arrête, c'est dégueulasse !

Ça te choque ? Il ne faut pas ! C'était une image, une façon de montrer la complexité de l'amour passion quand il devient, au fil des ans, de l'amour tendresse.

Entre vieillir ensemble et aller aux toilettes ensemble, il y a quand même une marge ! Et dormir ensemble ? Est-ce que tu n'es pas pour les chambres séparées ?

Au début, on est deux dans un grand lit, après c'est mieux d'avoir deux lits séparés, puis deux chambres séparées, enfin, si on en a les moyens, un appartement chacun. C'est dans le cercueil qu'on se retrouve dans les bras l'un de l'autre ! En tout cas, ce qu'il en reste ! Là où ça se complique, c'est quand on a le malheur de perdre son partenaire ou qu'il n'est plus en état ou n'a plus envie de jouer avec toi à la bête à deux dos ! En même temps, c'est pas trop grave : le désir physique diminue avec le temps... La nature est bien faite ! Ce qui est plus embêtant, c'est que sur le plan des sentiments, le besoin d'aimer et d'être aimé perdure jusqu'au bout du bout de la vie.

Avec Revel, vous vous échangiez encore des mots doux ?

À la mi-temps de notre vie commune, pas question ! C'était de l'amour amitié. Mais vers la fin, oui... En plus, on était devenus tous les deux durs d'oreille, ce qui ne m'empêchait pas de lui demander s'il m'aimait, plusieurs fois par jour... Ça donnait :

« Est ce que tu m'aimes ?

— Comment ?

— EST-CE QUE TU M'AIMES ?

— Oui, de plus en plus.

— Quoi ? »

Et maintenant qu'il n'est plus là ? Et Hans non plus ?

J'ai encore plus besoin qu'on me dise qu'on m'aime. Je le réclame même ! D'abord, à mes enfants. Au début, pris de court, ils me regardaient interloqués : « Tu as de ces questions, maman ! » Maintenant, ils s'y sont faits. Ils se penchent de toute leur hauteur pour m'embrasser : « Mais oui, ma petite chérie, mais oui ! » Enhardie et toujours en manque d'amour, je suis passée de mes fils à mes sœurs, à mes proches, à mes amies... Et même à Jacques, mon majordome ! Il s'occupe de nous, de moi seule à présent, depuis bientôt dix-huit ans ; il peut bien me dire de temps en temps qu'il m'aime quand même !

Et tu es toujours sensible aux compliments ?

Arrête, j'adore ! Et je n'en ai jamais été avare pour les autres. Je me souviens que quand mes collègues du *Monde* m'entendaient trottiner sur mes hauts talons dans le couloir longeant leurs bureaux, ils sortaient sur mon passage dans l'espoir, rarement déçu, d'attraper un « Génial, ton papier d'hier, vraiment super », comme des otaries perchées sur leur tabouret de cirque à qui on jette un poisson après leur numéro. Je réagis pareil aujourd'hui ! Sincère ou simulé, un compliment, c'est toujours bon à prendre. Ça remonte le moral. Ma belle-mère était pareille. Dans la famille, on l'appelait Kiki. Elle avait été et elle était restée une très jolie femme, on aurait cru qu'elle sortait d'un tableau du XVIIIe siècle, avec ses cheveux blancs, ses yeux pers et ses lèvres toujours soigneusement soulignées de rouge. Je la revois à Beg Sable, notre maison en Bretagne. Les jours de grande marée, elle m'accompagnait à la pêche au bouquet, dans sa petite robe orange et son bob assorti, et elle faisait encore se retourner les passants. Un jour, je lui ai dit : « Vous savez quoi, Kiki, si j'étais un homme je serais raide amoureuse de vous. » En fait, il n'y a que deux êtres au monde, Kiki, ma belle-mère, et Tobby, mon chien – un briard beige clair, grand comme un âne –, qui m'ont permis d'éprouver des sentiments autrefois réservés aux mecs : faire la cour à une femme et parader avec un top modèle (Tobby) à son bras.

TROISIÈME PARTIE

UN AUTRE MONDE

Raconte-moi tes années passées au journal Le
Monde *; comment ça a commencé ?*

Plus jeune, j'avais essayé de faire du théâtre,
donc forcément, quand je suis entrée au *Monde*,
sur le dos – comme je te l'ai dit – grâce à Henri
Pierre, on m'a confié la ligne Programmes des
théâtres et des cinémas... Tu vois le rapport !
Mes débuts ont été effrayants, tu sais à quel point
j'oublie, je confonds tout, et à l'époque il n'y avait
pas d'ordinateur, rien, rien n'était informatisé, il
fallait tout écrire à la main, deux fois par
semaine, le mercredi et le vendredi, les nouvelles
sorties cinéma, les horaires, et tout ! Un casse-
tête qui changeait tous les jours, une horreur !

Oui, c'est vrai que tu as travaillé dans un journal
avant que tout soit informatisé. On a oublié
comment ça devait être...

Fallait nous voir dans notre bureau tout petit,
à l'heure du déjeuner, on était comme dans la
cabine d'un paquebot d'où on entendait les

129

machines qui se mettaient en route ; il n'y a plus que les vieilles journalistes comme moi pour avoir connu les rotatives, ou même le fait de descendre au marbre, discuter des caractères avec les typos.

Un autre monde, c'est le cas de le dire...

En tout cas, je me suis cramponnée, j'ai tenu quarante ans quand même ! Après la ligne Programmes, on m'a confié les brèves sans titre : « Le théâtre du Gymnase annonce les 30 dernières de *J'y suis j'y reste* », « Reprise au théâtre Machin de *Pose ton cul sur la commode* »... Je progressais ! Ensuite, j'ai eu à couvrir les soirées de gala, les avant-premières... c'est incroyable ce que j'ai pu bosser ! Je devais aussi aller tous les après-midi à la Comédie-Française et à l'Opéra pour savoir qui avait été promu sociétaire, qui allait danser un nouveau ballet, qui allait chanter *Aïda*... et attention, si jamais Olivier Merlin, mon chef, voyait dans *Le Figaro* quelque chose que je ne lui avais pas donné, je me prenais un savon ! Je travaillais matin, midi et soir ! Chaque jour, je devais aussi aller – ça, c'était le pire – à une avant-première, raconter l'ambiance, les robes des invitées, dire qui avait ri, qui n'avait pas applaudi... Et, moi, élevée par mes parents pour qui tout ça était monstrueux, mondain, futile, sans intérêt, méprisable même, je n'y connaissais forcément rien ! J'étais devenue soiriste et je ne savais pas qui était quoi ; je devais me débrouiller toute seule... J'allais à la boîte à sels, je disais :

« Donnez-moi la liste des invités », et à partir de la liste, je brodais ! Bon, un jour, j'ai trop brodé…

Tu ne sais pas coudre un bouton, je me disais bien qu'en brodant, tu avais dû avoir un accident…

C'était un jour de crise à l'Assemblée nationale – je ne sais plus quoi exactement – mais toujours est-il qu'Édouard Herriot, le député-maire de Lyon, malade, ne participe pas au vote… Évidemment, ça fait toute une affaire : un député se lève et dit : « Je regrette énormément, mais M. Édouard Herriot n'était pas malade hier soir, la preuve : il était à la Comédie-Française ! » Et ce député brandit mes dix lignes dans *Le Monde* ! Hélas, Herriot était bien malade et ne s'était pas rendu à la Comédie-Française, contrairement à ce que j'avais écrit ! Tu comprends, j'avais pris la liste des invités prévus sans vérifier qui était vraiment venu ou pas. Je suis immédiatement convoquée dans le bureau du fondateur et directeur du journal, Hubert Beuve-Méry, et là, je plaide ma cause : « Écoutez, monsieur, c'est arrivé hier, ça aurait pu arriver demain ou dans six mois, c'est tellement honteux ce que vous me faites faire ! C'est toujours la même chose et en plus c'est du snobisme à l'état pur, puisque ça n'intéresse que les quatre cents personnes qui vont à ces générales de spectacle. Comment voulez-vous que je puisse faire ça sérieusement ? Les bonnes femmes sont toutes enveloppées dans leurs rideaux, les robes ne présentent aucun intérêt, quant aux réactions des gens… Bref, ce genre de ragots est indigne de vous et de votre journal ! » Il n'a rien dit, vraiment rien dit, à part peut être un petit « Bon, ça va pour cette fois »… mais il a supprimé la rubrique « Soirée de gala » dans le journal !

En quelque sorte, tu lui as fait supprimer l'aspect people des pages spectacles du Monde, people au sens où on l'entend aujourd'hui…

Oui, mais je continuais à raconter comment se passait une répétition, l'histoire de la pièce… Ensuite, j'ai succédé à ma copine chérie de l'époque, Christine de Rivoyre, qui s'occupait des variétés au *Monde*. Je me souviens qu'elle avait accueilli Charlie Chaplin à sa descente de l'avion quand il avait été expulsé des États-Unis, et elle avait fait un papier rapportant qu'il était « le négatif de son mythe »… C'était génial ! Je me demandais comment on pouvait trouver des formules pareilles ! Avant de travailler avec elle, je la lisais, tu comprends ? Lire *Le Monde*, à la maison, c'était une chose naturelle et moi quand je tombais sur la rubrique « Les variétés par Christine de Rivoyre », je me disais : être à la place de cette fille et mourir !

Tu es donc devenue critique de variétés quand tu l'as remplacée…

Pas tout de suite ! Quand Christine est tombée malade, Olivier Merlin a préféré engager un nommé La Reynière, une ordure pourrie, qui est devenu un grand critique gastronomique. Il faut que je te dise qu'Olivier Merlin, mon chef de bureau et le spécialiste des sports, couchait au *Monde* ; il avait un divan escamotable, dans son petit bureau, pour être sûr d'être là à 6 heures du matin. Mais avant, il mettait un short et il allait courir. Un matin, sur son parcours de jogging, il voit une affiche publicitaire pour *Paris Match*, il a un flash, fait demi-tour, monte quatre à quatre les escaliers de la rue des Italiens jusqu'au bureau d'Hubert Beuve-Méry et lui dit, tout en sueur : « Patron, La Reynière travaillait à Radio Paris pendant l'Occupation ! » Et c'était vrai ! La Reynière était un pseudo, il s'appelait Robert Courtine et avait sévi dans la presse collabo. Au *Monde*, ils lui ont refilé discrètement la rubrique gastronomique et parfois, perfidement, quand un directeur le croisait devant sa porte, il lui disait : « Après vous, mon cher collaborateur. » Donc, quand La Reynière a été viré des variétés, et que Christine n'est jamais revenue au journal, vu qu'elle avait été embauchée par le magazine *Marie-Claire* pour un salaire mirobolant... là, ils ont décidé de m'essayer ! C'est alors que je me suis enfermée pendant deux jours à la bibliothèque du *Monde* pour savoir comment faire !

Comment faire quoi ?

Comment écrire un bon papier ! J'ai passé des heures à étudier les grands critiques du journal. Je voulais écrire joli, réussir à faire partager ce que je ressentais dans un music-hall, dans un cirque – il y avait plein de cirques à l'époque et j'aimais cette ambiance, l'odeur du crottin et de la sciure, les artistes qui établissaient ma routine de gymnastique quotidienne. Je les connaissais tous. Je me souviens d'une formule que j'avais trouvée pour les acrobates : « Le cercle des têtes renversées »... Tu vois, je me creusais, quand même !

Mais tu as fait des critiques de théâtre aussi ?

Pour le *Nouvel Obs*, mais au *Monde*, le théâtre, c'était le domaine de Robert Kemp, un grand critique, un académicien, tu te rends compte ! Bon, il est mort trois ans après avoir été élu immortel... En tout cas, comme Kemp ne pouvait pas s'occuper de la décentralisation théâtrale, on m'a confié le théâtre en région !

Il faut dire une chose, à propos des critiques, c'est que, trop souvent, ils restent bloqués à une époque, en matière de goûts, et ils n'évoluent pas ! Même Robert Kemp du *Monde*, il n'avait rien vu d'intéressant depuis Giraudoux... L'avant-garde n'avait aucune chance à ses yeux, un peu comme Jacques Martin qui n'avait rien entendu de bien depuis Trénet, ou Pierre Bénichou depuis Luis Mariano... !

Peu importe, c'était ma chance ; un jour, César, notre factotum, entre dans mon bureau et me dit : « Claude, y a un monsieur qui voudrait te voir, il a écrit une pièce, il m'a dit son nom mais c'est un nom bizarre, tu verras, il ressemble à un cocker ! » Je sors et c'était Eugène Ionesco !

Et c'est vrai qu'il ressemblait à un cocker ! Il venait me voir parce qu'il avait écrit sa première pièce, que pendant des semaines, il avait supplié Robert Kemp d'aller la voir et que Kemp, coincé sur Giraudoux, n'y était jamais allé... C'est comme ça que j'ai dû voir *Les Chaises* et *La Cantatrice chauve* pour la première fois !

Voilà comment ça a commencé pour moi : je faisais des remplacements... Pareil pour la danse ! c'est un ministre de la Culture qui s'appelait Michel Guy, un copain de Revel, qui m'a fait découvrir Merce Cunningham et toutes les nouvelles compagnies... Tous ces gens-là, je les ai rencontrés par le biais de l'interview ou du portrait, parce que je n'étais pas vraiment critique de danse ni de théâtre. En tout cas, Ionesco est devenu un grand ami ! Il est tombé un peu amoureux de moi et surtout de chez moi ! Il y avait toujours de l'alcool, quai de Bourbon, et il était poivrot comme c'était pas possible ! Bon, il flirtait un peu avec moi, mais surtout il picolait ! Il avait dans sa poche une brosse à dents et allait toujours dans ma salle de bains avant de partir, si bien que quand il rentrait chez lui, Rudica, sa toute petite femme, adorable, roumaine, sentait la pâte dentifrice et elle comprenait...

C'est aussi comme ça que tu as rencontré Adamov...

C'est moi qui le couvrais, oui, si j'ose dire ! Je ne peux plus te dire comment je l'ai connu, il habitait rue de Seine dans un hôtel. Il était sale !

Lui, pas l'hôtel ! Il ne se lavait jamais ; il avait un beau visage un peu long avec de grands yeux noir-marron et de profondes rides entièrement encrassées... Il était toujours pieds nus, été comme hiver, dans des sandales qui laissaient voir ses ongles noirs, une horreur ! Mais c'était l'idole de la revue du *Théâtre populaire* et mes parents adoraient tous ces gens d'avant-garde : les Gatti, Adamov et surtout leur idole, Bernard Dort. J'allais à toutes leurs pièces, surtout en province, après que Malraux eut encouragé et fait construire les maisons de la culture. Fallait voir ! Tu recevais, à l'entrée de la salle, une brochure épaisse comme ça, dans un jargon structuraliste incompréhensible... La présentation était plus longue que la pièce ! C'était comme un supplice chinois ; chaque mot te tombait sur la tête ! Et il n'était pas question de quitter la salle : j'étais envoyée par *Le Monde* ! J'avais l'impression que ça ne s'arrêtait jamais, ça n'avait aucun sens... Et moi, je devais y aller à tous les coups ! Même à Noël, tu le crois, ça ! Je passais la nuit de Noël chez Vilar au TNP, parce qu'il faisait toujours quelque chose pour le 24 décembre ! Ce jour-là j'aurais quand même été mieux avec mes enfants !

Heureusement qu'en province, tu y allais avec ton amant !

Comment tu sais ? ! Ah, oui, je te l'ai dit pour Lemarchand... ! Oui, j'étais ravie de l'avoir à mes côtés quand il s'agissait d'aller voir ces pièces-là, en région comme on dit : une pièce, un dîner, ou plutôt un souper, et une nuit ! Ça, c'était génial ! Mais les pièces... Ce que ça m'emmerdait ! C'étaient des pièces d'avant-garde dans ces « Centres dramatiques nationaux » créés par Jeanne Laurent. Lemarchand m'y traînait. Ça me paraissait monstrueux ! Brecht en tête ! C'était tellement simpliste ! Ça me hérissait ! Mais il n'était pas question que j'en dise du mal, c'était im-pen-sable ! Tu comprends, j'étais tirée à hue et à dia entre mon propre sentiment – moi, j'aurais préféré pouvoir dire du bien de Dalida ! – et l'éducation que j'avais reçue de mes parents... Une éducation totalement élitiste et méprisante, mais qui correspondait exactement au journal *Le Monde* qui était leur Bible ! Maman était un génie ! un inventeur, là je suis bien d'accord. Avec Papa, ils étaient enfermés tous les deux dans un univers intellectuel d'un élitisme total.

Tu aurais réellement préféré pouvoir dire du bien de Dalida ? Tu préférais vraiment Adamo à Adamov ?

Plutôt Michel Sardou, mon idole ! J'étais complètement midinette ! Je lisais en cachette la presse people, qui était tout de même moins conséquente que maintenant... Mais Sardou, Dalida, même Piaf, c'était des noms imprononçables dans mon milieu professionnel et familial. J'avais une espèce de manque, de regrets... Heureusement, quand je suis devenue un peu plus connue avec mon billet de dernière page et que j'ai accédé à plus d'indépendance, je suis tombée sur Yves Campanile, qui était le coiffeur mondain de cette époque ; il avait commencé à 16 ans à Saint-Trop et il connaissait la terre entière, rien qu'en crêpant à la Bardot toutes les chanteuses de ces années-là ! Grâce à lui, j'étais invitée dans des soirées plutôt dans le vent où on rencontrait tous ces artistes, et quand ils n'étaient pas là, c'était encore mieux parce que c'était la foire aux racontars ! À n'en plus finir... Tu vois, Yves Montand et Simone Signoret, les histoires sur Jean-Jacques Debout et sa petite bonne femme toujours aussi jolie, d'ailleurs...

Chantal Goya !

Voilà ! Un univers tout à l'opposé de ce qu'on m'avait fait entrer dans le crâne... Enfin des conversations comme j'aimais, qui m'amusaient ! Revel venait avec moi, il s'emmerdait et ne savait même pas de qui on parlait, pendant que, moi, je buvais du petit-lait !

Ça me changeait des femmes d'ambassadeur qu'on m'a demandé d'interviewer pendant des années pour *Le Monde diplomatique* ! J'en faisais une par mois... Quel ennui ! Il n'y a rien qui ressemble plus à une femme d'ambassadeur qu'une autre femme d'ambassadeur ! Elles répétaient toutes la même chose : les problèmes de menus, les déménagements, les conséquences sur la vie scolaire de leurs mioches... J'ai réussi à m'en farcir je ne sais plus combien ! Heureusement,

Jacqueline Piatier, qui était au départ documenta-liste – à l'époque, on disait bibliothécaire –, s'est occupée des pages littérature et elle m'a fait faire d'autres interviews autrement plus passionnantes ! Les écrivains surtout ! Beaucoup plus intéressants que les acteurs qui n'ont rien à dire ! Ils sont nuls, les acteurs, en interview !

Mais toi, est-ce que tu étais une bonne intervieweuse ?

J'avais adopté la méthode « Lise Elina » ! Lise Elina, c'était une jeune femme qui ne savait rien, elle se trompait sur toute la ligne, elle disait n'importe quoi et l'interwievé était tellement désarçonné que ça donnait des résultats étonnants ! C'était la « Bécassine » de la télévision... bien avant Danièle Gilbert ! Je faisais pareil, mais volontairement, moi !

Tu es en train de me dire que tu as fait du Mezrahi avant même Desproges ?

Oui, ça donnait des résultats formidables ! Je me souviens, j'avais sorti des horreurs à Marcel Achard en lui disant que je ne savais même pas qu'il écrivait encore, que depuis l'arrivée de Ionesco, je ne pensais pas qu'on pouvait encore écrire du théâtre de boulevard... Mais tout ça très naïvement, tu vois...

Évidemment Achard est entré dans une colère noire, il grimpait aux rideaux, bavait sur Ionesco et disait des choses qu'il n'aurait jamais dites autrement... Ça me faisait un très bon papier !

Ils pouvaient tout me demander au *Monde*, et ils m'ont tout fait faire, sauf me planter un balai dans le derrière et m'obliger à balayer mon coin de bureau tout en tapant mes articles. Un jour de 1959, un mois après la disparition de Gérard Philipe, on apprend par une dépêche de l'AFP la mort d'Henri Vidal, un comédien d'une beauté incroyable qui avait à peine 40 ans et était bouffé par la drogue. On me demande d'appeler Michèle Morgan, son épouse, pour savoir si l'information est vraie ! Ni une ni deux, je prends mon téléphone : « Bonjour, Madame, je suis débutante au journal *Le Monde*, je suis désolée de vous appeler, mais ils me font faire cette chose horrible ... », et elle a été adorable avec moi en répondant à mes questions. Je l'ai rencontrée depuis et je lui en ai reparlé, elle m'a juste dit : « Moi non plus, je n'ai pas oublié ! »

Ce fut plus difficile avec Simone Signoret ; c'était à l'époque où Yves Montand et elle étaient au parti communiste et où ils avaient décidé de faire une tournée en URSS. Évidemment, toute la presse de droite réagit fort et *Le Monde* me demande de téléphoner à l'actrice. J'avais pris un peu d'assurance et je lui dis : « Ma rédaction s'étonne et voudrait comprendre pourquoi vous allez en URSS ... » Elle ne me laisse pas le temps de poursuivre et m'engueule au téléphone :

« Qu'est-ce que c'est que cette question de merde ?... » Je m'entends encore lui répondre : « Écoutez, Madame Signoret, en fait, je m'en fous de savoir si vous y allez ou pas... ce n'est pas la peine de m'injurier ! » et c'est moi qui lui ai raccroché au nez.

Pardon de te poser cette question mais vu ce que tu m'as raconté sur ta vie sentimentale mouvementée, as-tu eu des aventures avec certaines personnalités que tu as interviewées ?

J'ai fait des interviews toute ma vie, j'ai rencontré des milliers de gens, tous les grands acteurs du moment, mais je ne peux pas dire que j'en ai profité ! Mes collègues au service politique se tapaient qui elles voulaient ! Moi, c'était sacrosaint, je n'aurais jamais fait ça. Que je t'explique : bien avant d'entrer au *Monde*, j'étais en admiration devant un critique de théâtre du *Figaro*, Jean-Jacques Gautier ; il était d'un méchant ! Il avait pris d'emblée le point de vue du lecteur, c'est-à-dire qu'il disait s'il s'était ennuyé, s'il avait dormi ; à la limite, il donnait le prix des places en précisant que ça ne le valait pas... Bref, il n'entrait jamais dans les considérations des metteurs en scène, des producteurs et surtout des comédiens. Son influence était telle que les théâtres attendaient 23 heures, la sortie du *Figaro*, pour lire sa critique, savoir si c'était un bon ou un mauvais « Gautier ». Il faisait et défaisait les pièces comme il voulait ! Si sa critique était mauvaise, la pièce s'arrêtait ! Je te jure que c'est vrai.

Sur ma tête ! Il n'avait de contact avec personne et tu vois, professionnellement, je voulais être comme lui.

Et aussi comme sa femme !

Comment ça, comme sa femme ?

Gautier habitait mon quartier, l'île Saint-Louis, et je le croisais souvent avec sa femme à qui j'aurais adoré ressembler parce qu'elle était toute jeune encore mais avait déjà les cheveux tout blancs, entièrement blancs, encore plus blancs que les miens maintenant ! Sur un visage jeune, c'était d'une beauté formidable ! Mon grand-père Sarraute était blanc à 30 ans, paraît-il, et moi qui lui ressemble au niveau de la forme du visage, il a fallu que j'attende tout ce temps !

On s'éloigne de la critique théâtrale...

Bon, moi, je n'étais pas critique de théâtre, sauf pour la province ; j'étais critique de variétés ! Comme Gautier du *Figaro*, je m'étais fait une règle absolue de ne jamais rencontrer personne, de ne voir aucun artiste, parce que j'étais persuadée que c'était compromission, connivence et renvois d'ascenseur... je n'avais pas tort ! Heureusement, j'ai eu un exemple d'honnêteté devant moi : Jean de Baroncelli qui était critique de cinéma au *Monde* et dont la femme était l'adorable Sophie Desmarest. Chaque fois, il écrivait : « Quant au jeu de Sophie Desmarest, je m'abstiendrai d'en parler pour des raisons que vous comprendrez... »

Il faut savoir que, quand on est critique, on est assiégé par les attachés de presse, ou même directement par les artistes : « Non, je vous en prie, Madame Sarraute, vous, vous allez comprendre, entre femmes, ne faites pas de papier sur ce que vous avez vu hier soir : hier soir, j'avais mes règles ! » J'ai donc instauré les miennes : ne plus prendre personne au téléphone, ne plus voir personne et surtout n'accepter aucun déjeuner...

Je me rappelle une artiste dont j'ai oublié le nom mais qui est très, très connue et qui circule encore aujourd'hui... Elle, c'est son attaché de presse qui voulait absolument m'inviter au restaurant ; je n'acceptais aucun repas mais quand le type était trop pressant, je lui disais de venir déjeuner chez moi, sur mon terrain, quai de Bourbon... Bref, il m'avait vendu « sa chanteuse » comme étant la plus exceptionnelle du moment, la plus généreuse aussi... Elle passe à l'Olympia, je vais la voir et j'écris dans ma critique qu'« elle ressemblait à Jean-Marc Thibaut avec une perruque ! ». L'attaché de presse m'a appelée le soir même pour m'expliquer que la « généreuse » chanteuse l'avait viré à cause de ce que j'avais écrit ! J'étais malheureuse pour lui, mais c'était bien la preuve que je ne devais pas me laisser manipuler.

Je reviens à tes critiques Variétés ; ça te plaisait quand même d'aller voir Brel ou Brassens ?

Au début, oui ! Mais ce qui était terrible, c'est quand ils montaient sur scène tous les ans ! Comment faire pour écrire chaque année un papier différent sur Brassens ou sur Ferré : c'est toujours le même style, le même ton et, au bout de quelques papiers, tu aurais bien envie de recopier ce que tu as déjà écrit sur eux... Sauf que, eux, ils les découpent, tes articles, ils les mettent dans leur press book... et je ne te dis pas les yéyés ! C'était diabolique de devoir écrire chaque fois quelque chose de nouveau sur eux ! Oui, vraiment diabolique, dur à faire, tu sais, vraiment une terreur !

Il y a des artistes avec qui tu as été fâchée à cause de tes critiques ?

Non, parce que la plupart des gens que je vois ou que je rencontre, je ne me rappelle même pas quand j'ai parlé d'eux ! Ah, si, la plus belle récompense de toute ma vie s'est passée un soir d'été : je rentrais chez moi à pied, je passe place du Châtelet, j'entre dans un café pour boire un quart Perrier – oui, oui, de l'eau ! Je devais avoir un médicament à prendre ! –, je vais vers le comptoir et je vois, là, assis tout seul, Fernand Raynaud.

Une star de l'humour qui était n° 1 dans le cœur des Français dans les années 60 et au début des années 70.

Tu as raison de le préciser : les jeunes ne savent pas qui c'est et les autres l'ont oublié ! Pas moi, en tout cas ! Je m'approche de lui, je ne peux pas résister, c'était la première fois que je faisais ça, et je lui dis : « Excusez-moi, Monsieur, je vous admire tellement que je ne peux pas m'empêcher de venir vous déranger ; je m'excuse, je suis journaliste au *Monde*. » Il me regarde ; il était assis, moi debout, et il me répond : « Vous êtes Claude Sarraute ! »

Il avait deviné qui j'étais, alors que personne ne me connaissait à l'époque ; j'ai failli en tomber par terre ! Là, il se lève et sort son portefeuille de sa poche, d'où il tire un article jauni, le premier qu'on ait écrit sur lui, et il ajoute : « Il ne m'a jamais quitté ! » Je n'en revenais pas ! Tu te rends compte ? Regarde, rien que de te le raconter, j'en ai la chair de poule ! Tu vois : j'ai mes poils qui se dressent sur le bras ! C'est fou, le bonheur que ça peut donner...

Il t'est aussi arrivé de te tromper quand même !

Souvent, tu veux dire ! Comme une merde, comme une crotte de gourde que je peux être parfois... Un exemple : il y a quelqu'un qui a joué un grand rôle dans ma vie, c'était un véritable dénicheur de talents dans le domaine des variétés, il s'appelait Jacques Canetti et il m'invitait régulièrement à venir dans son petit théâtre les Trois Baudets...

Que la mairie de Paris vient de rouvrir après des dizaines d'années de fermeture...

Oui, c'est vrai ! Tu sais tout ! Eh bien, aux Trois Baudets, Canetti m'avait présenté un jour trois artistes : Brel, Gainsbourg et Marcel Amont. Comme une idiote, tu sais ce que j'avais écrit ? « Des trois, seul Marcel Amont est celui à qui est promise une belle carrière »... Tu vois comme j'étais perspicace !

Et Piaf, tu l'as vue sur scène ?

Pas seulement sur scène ! Chaque fois qu'elle avait un nouvel amour, elle convoquait les journalistes ! Une vraie conférence de presse, pour nous présenter Moustaki ! Non, pas Moustaki, l'autre, beaucoup plus gros, plus lourd qui s'appelait... ah, zut... Charles Dumont ! J'ai aussi vu Piaf avec son dernier, Théo Sarapo, un type adorable ; elle était dans un tel état d'amour ! Voir cette dame si petite, avec ses mains déformées, en extase devant tous ces hommes qu'elle nous présentait les uns après les autres, c'était incroyable ! Sans compter que j'étais folle de Piaf sur scène ! Mais attention, autour de moi, dans mon milieu, c'était le mépris total ; j'en parlais à mes parents, à mes chefs au *Monde*, et pour eux, Piaf, à l'époque, c'était la vulgarité ! Mon père me disait : « Ma petite fille, est-ce que tu as écouté les textes de ses chansons ? C'est d'une bêtise abyssale ! »

Elle était trop populaire pour être appréciée du milieu intellectuel...

Oui, quelque chose comme ça. J'ai vécu toute ma vie dans un état de frustration totale entre mes vrais goûts et ce que je devais dire pour faire bien, au journal ou chez mes parents ! J'ai toujours été en contradiction profonde avec moi-même, persuadée que tout ce que j'aimais ce n'était pas bien ! Je me demande encore comment j'ai réussi, malgré tout, à pondre mes « petites crottes », mes petits billets, sans faire de l'ombre à mes parents et sans faire honte au journal ! C'était très difficile... j'adorais tout ce qu'il ne fallait pas adorer ! Les palaces, pareil !

Quoi, « les palaces, pareil » ?

Ma mère détestait les palaces, toute sa vie, elle a lutté contre tout ce qui était trop ostentatoire, trop « bling bling » dirait-on aujourd'hui. Hans aussi. Mais moi, j'adorais les palaces ! Hélas, je n'étais entourée que d'intellectuels de gauche... Quand Revel a commencé à m'y emmener, j'étais aux anges ! Le Waldorf Astoria, par exemple, chaque fois qu'on allait à New York : c'était trop bien ! Tu imagines qu'au *Monde*, il ne fallait pas que je crie mes goûts sur les toits. Bon, de toute façon, ils détestaient mon ton... Encore plus quand les choses ont commencé à bien marcher ! Quand on a entendu que certains lecteurs achetaient le journal pour Plantu en première et moi en dernière page !

Cette chronique, ce n'était plus une promotion-canapé, tu l'as obtenue grâce à ton talent ?

Oui, mais pas du jour au lendemain... C'est vrai que mes papiers étaient assez enlevés... Je te le répète, j'ai toujours voulu être la plus performante dans ce que je faisais. Par exemple, quand on m'a confié la rubrique Télévision, c'était Maurice Clavel qui régnait sur la place de Paris et on s'arrachait *Le Nouvel Observateur* pour le lire, de même qu'on s'arrachait *L'Express* pour les papiers de Jean Cau... Et je rêvais que dans ma petite cour à moi, dans mon domaine, je puisse moi aussi faire vendre mon journal.

Quand j'étais aux Variétés, j'essayais de rendre l'ambiance d'une manière poétique. Pour la rubrique Télé, j'ai commencé à muscler mes papiers et, par exemple, pour la première fois dans l'histoire de notre journal, c'est moi qui ai utilisé « on » au lieu de « nous » ; on recevait des tas de lettres de professeurs qui entouraient chaque « on » et criaient au scandale dans la marge en renvoyant mes articles au directeur !

Et pourquoi as-tu hérité de la rubrique Télé ?

Ça c'est une bonne question, parce qu'à l'époque, je n'avais même pas de téléviseur à la maison ! Je ne savais pas ce que c'était, j'en ai donc loué un ! Mais il me fallait aussi une bonne idée.

Nous étions en plein dans les années 60, avec tout ce qui se passait aux États-Unis, les mouvements pour la libération des femmes, des gays, des Noirs... J'ai décidé de faire mon premier papier télé sur le mode de l'indignation ; ça s'appelait « Ces enfants aux cheveux verts » en référence au film de Losey *L'Enfant aux cheveux verts*, et c'était à propos du film et du débat des « Dossiers de l'Écran » sur les enfants handicapés. J'avais constaté qu'il n'y avait pas un seul enfant sur le plateau, que des parents ! « On n'ose pas les sortir du placard, on n'ose pas les montrer à la télévision », voilà comment j'ai écrit mon premier papier. J'ai continué sur le même ton. Je ne couvrais jamais les téléfilms, j'estimais que personne n'aurait payé 10 francs pour aller les voir, je ne m'intéressais qu'aux émissions de plateaux.

Tu l'as tenue longtemps, cette rubrique Télé ?

Sept ans. Chaque année, j'allais faire mon shopping d'idées à New York : les Noirs, les juifs, les gays... Les Américains ont toujours eu un temps d'avance sur nous ! Un jour, je devais rejoindre une de mes amies lesbiennes dans son petit bureau associatif ; il pleuvait des cordes, j'avais fait quelques courses dans Manhattan et mes sacs en papier kraft étaient trempés... Tu vois, rien que ça : à l'époque, déjà là-bas, il n'était pas question de sac plastique ! Et en plus, sur chaque sac – ce qui était considéré comme épouvantable en France –, il y avait la photo d'un enfant qui avait été violenté ou d'un bébé qui avait été enlevé... Chez nous, c'était totalement politiquement incorrect de parler de ça !

Bref, j'attrape un taxi et, arrivée à la permanence de l'association homo, je tombe à la place de ma copine sur un énorme nègre, obèse et donc gay, qui m'explique qu'il est là en remplacement et qui m'expose tous les problèmes de leur communauté... Je m'effondre devant lui et dis : « Si toi tu n'en as pas marre d'être noir, gay et gros, moi, j'en ai assez d'être femme, vieille et juive ! » Il m'a enlacée comme un gros ours et nous avons discuté très sérieusement de la place des Noirs dans la société. Je savais que tout devait passer par la télé. Les Noirs et les gays aux États-Unis en étaient parfaitement conscients, ils l'avaient déjà compris ! Nous, aujourd'hui, on en est encore à se poser la question ! Au journal, j'avais donc exigé de faire le samedi une rubrique sur la télévision étrangère, « Les écrans de l'étranger ». Il faut dire aussi que ça me permettait d'en profiter pour suivre Hans dans tous les festivals de télé à travers le monde...

Tu as déjà eu des procès à cause de tes articles dans Le Monde ?

Oui. Pierre Sabbagh... et surtout Denise Fabre ! À force de regarder la télé à l'étranger, je trouvais que ce n'était plus possible, ces speakerines ridicules dans nos téléviseurs ! J'avais écrit dans un papier qu'on avait l'impression de se promener à Hambourg dans le quartier des vitrines de filles de joie ! C'est vrai, elles étaient là pour nous séduire, avec leur sourire et leurs yeux écarquillés, parlant sur un ton absolument indécent, elles minaudaient... Bref, elle a porté plainte parce que je la comparais à une prostituée ! Je ne sais plus si le journal a gagné ou perdu, mais on est devenue amies après.

J'ai eu aussi un énorme problème, plus récemment, avec Stéphanie de Monaco mais c'était avec toi, en radio ! J'ai raconté sur France Inter qu'elle avait été arrêtée avec des copains à la sortie d'une boîte de nuit et surtout qu'ayant fait ma chronique là-dessus dans *Le Monde*, on m'avait demandé d'étouffer l'affaire ! Ses avocats m'ont foncé dessus et m'ont demandé un million de francs lourds. C'était du direct, si bien que ça ne retombait ni sur toi, ni sur la radio, j'étais la seule incriminée. C'est un copain de Revel, Maître Paul Lombard, qui m'a sortie de cette emmerde grâce à un défaut de procédure.

Comment es-tu passée de la rubrique Télé à ton célèbre billet d'humeur ?

Je me suis dit que les lecteurs devaient en avoir assez de mes indignations ! Ça faisait huit ans que je leur demandais de monter aux barricades, si moi j'en avais marre, alors eux n'en pouvaient sûrement plus !

Il fallait que je change tout. D'autant que mon rédacteur en chef du moment, Bruno Frappat, m'avait dit un jour dans l'ascenseur : « Ta chronique Télé, c'est formidable » et moi de lui répondre : « Peut-être, mais c'est cuit, ce n'est plus ça qu'il faut faire… »

Si je voulais réussir, je devais faire un carré, en première ou en dernière page. On pouvait continuer à faire du social, mais dans l'humour, dans l'humour et la méchanceté ! Terminé de tirer la larme des lecteurs ; faisons-les rire !

Je pensais qu'il fallait que je renouvelle le billet d'Escarpit, multiplié par quatre !

C'était quoi, le billet d'Escarpit ?

Oh, le pauvre ! Je croyais que tout le monde le connaissait encore ! Robert Escarpit était un journaliste, universitaire, ancien résistant communiste, qui a écrit pendant trente ans, jusqu'en 1979, un billet quotidien (9 000 en tout !) pas très marrant, qui s'appelait « Au jour, le jour ». Il te sortait des phrases du genre : « La guerre puise en elle-même sa propre énergie et sa propre justification. On se bat parce qu'on s'est battu » ou « L'érotisme est une pornographie de classe » ou encore « On reconnaît un honnête homme au fait qu'il se contredit »... Tu vois des choses pas à se tordre, mais très intelligentes !

Et alors, c'est toi qui lui succèdes en 1979 ?

Non, pas tout de suite. Je me souviens : c'était un mercredi, comme tous les jours pendant pratiquement toute ma vie, au lieu d'aller déjeuner, je prenais le métro à Chaussée-d'Antin et j'allais dans mon club de gym, rue de Ponthieu, une douche chaude, après une douche glacée, je reprenais mon métro, j'achetais *Le Monde* pour nous lire... et là, qu'est-ce que je vois en une ? Le billet d'Escarpit remplacé par un papier de Bruno Frappat !

Tu as réagi comment, alors ?

J'ai continué mes papiers TV, sans pour autant arrêter de me promener avec mon idée au premier étage, de chefs de services en directeurs... À l'époque, au *Monde*, l'étage noble c'était le premier étage ; avec les ascenseurs, c'est devenu le dernier étage. Tout le monde me prenait pour une folle...

Et puis un jour, Revel me dit : « Dans un mois, je t'emmène en voyage, je ne te dis pas où... » Et nous débarquons à Séoul ! Où nous attend la secte Moon !

Le problème, c'est que c'était Moon qui nous avait payé le voyage, Revel s'était bien gardé de me le dire ! Revel et moi, nous nous retrouvons donc avec des colliers de fleurs autour du cou ! Je n'allais pas dire « on reprend l'avion tout de suite ! », ça m'intéressait de voir… Nous sommes restés une semaine au milieu de la secte et je suis revenue ravie, avec plein d'idées d'articles dans la tête. J'avais déjà eu l'occasion d'écrire d'autres papiers sur les hippies, le Women's Lib – j'ai été la première à en parler dans le journal ! –, les enfants fleurs… Là, c'était génial, je pouvais raconter cette expérience étonnante, faire un papier fabuleux : Revel et moi au milieu de 100 ou 200 personnes qui se mariaient, des parents affolés qui avaient fait le voyage et s'ouvraient à moi en me disant que tout était faux… Bref, j'étais aux premières loges !

Je fonce donc voir Yves Agnès, rédacteur en chef de la Culture, catho bien-pensant et tout… Je lui raconte Moon : « Quoi ? ! Tu étais à Séoul, dans la secte Moon ? Sors immédiatement de mon service, tu ne travailles plus pour moi ! » Et il m'a virée de la Culture !

Je suis aussitôt descendue du 5e étage au premier voir André Laurens, notre directeur à l'époque : « On ne veut plus de moi là-haut, qu'est-ce que je vais faire ? » J'étais évidemment salariée, mensualisée depuis des années, mais mise au placard !

Pas longtemps ! Mais, au service spectacle, Yves Agnès m'avait bien fait comprendre que je n'étais pas assez politiquement correcte.

Heureusement, j'avais déjà parlé à André Laurens de mon idée de chronique, il m'a demandé de la lui ré-expliquer. J'avais tout en tête, le format, le style : ne plus écrire « il va vous revenir » mais plutôt « il va rappliquer, t'inquiète ! » Paf !

C'est comme ça que je voulais enfin écrire ! Et c'est comme ça que j'ai commencé, et ça a marché du tonnerre ! Grâce à André Laurens et Jacques Amalric, le chef du service étranger du *Monde* (le père du comédien Mathieu Amalric – je dis toujours à Mathieu, son fils, que je trouve un génie d'acteur – que je suis aussi fière de lui que si c'était moi qui l'avais fait, car c'est moi qui ai engagé au *Monde* sa mère, Nicole Zand, devenue critique littéraire, et c'est là qu'elle a rencontré son père...).

Donc, c'est Laurens et Amalric qui m'ont défendue et prise sous leur aile. Il y a eu une réunion de la rédaction du *Monde*, au cours de laquelle la direction a annoncé ce que j'allais faire. La réaction générale a d'abord été : « Vous n'y pensez pas, dans le journal de Beuve-Méry ! » Jacques Amalric leur a répondu : « Arrêtez, les enfants, vous savez bien qu'elle ne tiendra pas une semaine, allez, on passe à autre chose. » Il m'a sauvé la vie ! C'était encore Bruno Frappat qui, en première page, écrivait son billet, une histoire de morale bien-pensante... la preuve : il a fini directeur de *La Croix* ! Son billet ne marchait pas ! Il a dû arrêter. Mais, moi, mon billet, je voulais qu'il soit en dernière page, encadré…

Et ça s'est appelé « Sur le vif » !

Jean-Louis Servan-Schreiber avait repris un journal créé par sa femme de l'époque et m'avait appelée pour me proposer d'écrire des petites chroniques. Revel leur avait trouvé un titre : « Sur le vif » ! Je l'ai tout simplement repris pour mon papier en dernière page du *Monde*.

Avant que j'apprenne par les études de marché que mon petit billet cartonnait, j'avais bien compris qu'il se passait quelque chose. Les copains du journal, qui pourtant n'aimaient pas mon style, venaient me voir et me disaient : « Dieu sait qu'on te défend à l'extérieur, mais ta chronique d'hier, ce n'est pas possible ! Ce que je ne comprends pas, c'est que mon gosse de 15 ans qui n'a jamais ouvert le journal se jette dessus tous les soirs ! »

J'avais mes « papiers mecs » et mes « papiers nanas » ; les papiers mecs, c'était la politique avec Mitterrand que j'appelais « mon Mimi » et Chirac qui était « mon Jacquot »…

Les papiers nanas, c'était « tu sais pas ce qui m'arrive avec Pierre-François ? », des problèmes de cul, de mères, d'enfants, tout ce que tu voudras… Ce qui est sûr, c'est que les lecteurs se sentaient concernés, même si, au sein de la rédaction, il y en avait toujours un pour se montrer indigné parce que je traitais de sujets qui leur tenaient très à cœur sur un ton très léger !

Je me souviens d'un papier à propos d'une info qui venait de Suède, comme quoi on allait voter une loi pour que les donneurs de sperme ne soient plus à l'abri et que si, à 18 ans, l'enfant avait envie de connaître son père, il ait le droit de faire des recherches. J'avais donc imaginé un dialogue avec un copain de ma fille qui serait venu me voir, affolé : « Je ne sais pas combien de fois j'ai pu donner mon sperme, je ne sais pas combien d'enfants je peux avoir de par le monde, mais qu'est-ce que je vais devenir s'ils viennent tous m'appeler papa ? »

En fait, tu as toujours aimé bousculer les sujets tabous ; c'est ta marque !

Je me souviens qu'une fois, un de mes confrères est venu me défier sur le thème : « Tu n'oseras jamais taquiner sur la Shoah. » Je l'ai fait. Dès le lendemain ou le surlendemain, dès que l'occasion s'en est présentée... C'était à propos d'un sitting qui avait eu lieu dans Paris pour réclamer la reconnaissance du génocide arménien. J'ai imaginé que je m'étais approchée d'une manifestante arménienne et que je lui avais dit : « Mais vous êtes vraiment nuls, être obligés de vous asseoir comme ça, dans la rue, faire des manifestations ridicules, regardez-nous, les juifs, ce qu'on a réussi à faire avec notre Shoah, on l'a vendue partout, on est couvert d'argent, on est vraiment plus forts que vous ! » Ce n'était pas spécialement politiquement correct...

Et comment ça s'est terminé pour toi au Monde *?*

Mal ! J'avais atteint l'âge de la retraite et on me l'a fait comprendre. On m'a doucement expliqué que le journal n'avait pas les moyens de garder quelqu'un au-delà de ses 65 ans.

Quels sont ceux qui t'ont marquée, à tes débuts, parmi tes collègues du journal ?

Dans mon bureau, j'avais Jean de Baroncelli, critique de cinéma, Raymond Marcillac, un grand bel homme athlétique qui s'occupait du sport avec Olivier Merlin, mais celui qui m'a le plus impressionnée, c'est César.

Le sculpteur ?

Non, César, le garçon d'étage ! Tu sais, c'est comme dans le livre de Marcel Aymé, un personnage qui dirige tout, mais en cachette ! Il connaissait tout le monde. C'était un petit homme, en ménage avec un très charmant garçon qui était barman dans une brasserie du XVIIe... Quand je suis arrivée au *Monde* pour faire la ligne des Programmes, je recevais des tonnes de papiers où on m'indiquait les changements de programme des théâtres, cinémas, et je t'ai dit que je me prenais les pieds dans tout cet imbroglio, d'où des erreurs d'horaires ou de dates !

J'imagine le lecteur du Monde *qui, à cause de toi, traversait Paris pour aller voir un film qui n'était pas encore à l'affiche ou qui venait de se terminer !*

Tu ne crois pas si bien dire, on avait des lettres de désabonnement en pagaille à cause de mes conneries... j'en pleurais dans l'escalier du journal... C'est comme ça que j'ai rencontré César ! Il me ramassait comme une serpillière, il m'essorait dans un seau : « Allez, ne t'en fais pas, tu vas y arriver... » Il était comme une sorte de *deus ex machina* au *Monde*.

Mais quels services te rendait-il, à part te remonter le moral ?

Il me racontait tout et ça m'était très utile ! Un jour, je devais rendre compte de *Irma la Douce*, une comédie musicale avec Michel Roux et Colette Renard. C'était au Théâtre Gramont. J'écris un papier un peu dur, d'autant que le spectacle a été un énorme succès. C'est ce qui a rendu célèbre Colette Renard ; Juliette Gréco avait refusé le rôle. Bref ! Beuve-Méry me convoque dans son bureau ; je n'ai eu que deux entrevues avec lui dans ma vie et c'était la seconde ; il attaque :

« Je ne comprends pas, j'étais là à la première, j'y suis allé avec Dassault, nous avons beaucoup aimé...

— Vous vous rendez compte de ce que vous dites. Vous avez vu qui joue ça ? C'est Patachou, une dame de plus de 40 ans, et elle embrasse sur la bouche le jeune homme, c'est dégoûtant ! »

Il n'a pas su quoi me répondre ! J'avais touché un point sensible parce que quelques semaines avant, César, justement, était entré sans frapper dans son bureau et l'avait surpris en train d'embrasser Yolande, sa secrétaire, qui avait trente ans de moins que lui ! L'histoire avait fait le tour de la maison, vu qu'au lieu de simplement refermer la porte, César y est allé d'un maladroit « oh, pardon ! »… Il a failli être renvoyé et la pauvre Yolande Boistard est morte, suicidée dans son bureau, tant elle souffrait pendant que son patron passait normalement ses week-ends avec femme et enfants…

Va pour César, mais quelles sont les personnalités les plus étonnantes ou illustres que tu as eu l'occasion d'interwiever ?

Alfred Hitchcock ! Je suis allée l'interviewer au festival de Cannes – je ne couvrais pas le cinéma pour *Le Monde*, mais le festival, oui. Il était exquis, adorable et il m'avait montré les placards de sa chambre d'hôtel où il avait aligné tous ces costumes noirs en tailles XL et XXL ; il m'avait paru délicieux.

Hitchcock et qui d'autre ?

Céline, sur le tard, à Meudon. Un grand souvenir ! Et Vanessa Paradis ! Mais c'était pour le magazine *Vogue* qui m'avait appelée dans les années 80 pour me parler d'une jeune fille qui venait de faire un tube, « Joe le Taxi » ! Et ils me demandaient de faire un grand portrait d'elle ! Ils avaient loué un appartement pour l'interview ; je rentre et je vois une petite poupée, une petite beauté. J'ai passé deux heures avec elle, sous le charme, très impressionnée, et j'ai fait un papier dithyrambique, sentant que c'était de la graine de star. Et, il n'y a pas longtemps, je vais au Zénith où elle donnait un concert avec Mathieu Chedid.

À la fin du spectacle, des amis m'emmènent en coulisse et je croise la maman de Vanessa qui me dit : « Vous, on vous aime ! Vous avez fait le premier papier sur elle, ça nous a tellement touchés ! » Je l'ai donc revue ; elle était encore plus belle qu'il y a vingt ans. C'est rare !

Je pensais que tu allais me dire Bardot plutôt que Vanessa Paradis !

On est dans le même cas de figure, elles rendent les autres femmes tellement jalouses de ce qu'elles provoquent chez leurs maris ! Je ne sais pas si Bardot était bonne ou mauvaise actrice et je m'en fous mais quand j'ai lu sa biographie, c'était moi ! Par exemple, cette peur de se retrouver seule et d'avoir toujours plusieurs hommes en même temps... J'ai participé à l'émission de télé quand elle a annoncé qu'elle arrêtait le cinéma. Je m'étais pris une porte ce jour-là et j'avais un œil au beurre noir. La maquilleuse ne pouvait rien faire et c'est BB elle-même qui m'a maquillée et m'a mis un turban, avec une gentillesse... On ne pouvait rien voir ! Ça m'a touchée, tu ne peux pas savoir... Elle est spontanément gentille ! C'est une nature généreuse, vraiment... Contrairement à Jeanne Moreau qui était odieuse. J'étais allée l'interviewer chez elle et elle avait été très désagréable. Le pire qui me soit arrivé, c'est plus récent : c'est avec Catherine Deneuve. Et c'est ta faute, encore !

Qu'est-ce que j'ai encore fait ?

Pour une de nos émissions, tu invites Christian Vadim, son fils. Mais j'avais oublié que c'était son fils et je lui parle des *Liaisons dangereuses* réalisées par José Dayan et je lui dis :

« Mais qu'est-ce que tu es allé foutre là-dedans, mon petit garçon ? Et la catastrophe, c'est Deneuve, elle est devenue énorme, elle ne peut pas être Madame de Merteuil »... Quelques jours plus tard, je suis au bar du Lutetia, arrive une petite bonne femme, avec des lunettes, qui s'approche de moi et me dit : « Je ne vous pardonnerai jamais.

— Mais vous êtes qui ?

— Catherine Deneuve ! Et ce que vous avez dit à mon fils, et sur lui, et sur moi, je ne vous le pardonnerai jamais ! » Elle m'a engueulée devant tout le monde... Et moi qui ne l'avais même pas reconnue !

À l'époque du Monde, *il y a eu d'autres interviews qui se sont mal passées ?*

Oui, une avec Louis Aragon qui a été odieux, insultant vis-à-vis de Tristan Tzara, alors que Tristan, mon beau-père, l'admirait beaucoup et le mettait au même niveau qu'Eluard...

Je suis sortie de chez Aragon – je ne sais plus où ils habitaient, rue de Verneuil, je crois, lui et Elsa Triolet –, je suis allée dans un bistrot et j'ai demandé de l'eau ! Moi qui ne bois jamais d'eau ! Il fallait que je me rince la bouche !

Il y a eu aussi Elie Wiesel. J'étais partie à New York pour regarder « Holocauste », ce feuilleton incroyable diffusé à la télé américaine. J'avais d'ailleurs mené toute une bataille pour qu'on le projette en France où on n'en voulait pas sous prétexte que les pyjamas des déportés faisaient trop Hollywood ! J'avais donc demandé à rencontrer Wiesel, je vais le voir et cela m'a tuée parce que, lui, il a vraiment pissé sur la Shoah, je veux dire par là qu'il se l'était appropriée, comme Lanzmann ici. Ça m'a dégoûtée et j'ai écourté l'interview.

Dans un autre genre, j'ai eu Sartre aussi... J'ai fait mon interview en me cachant la figure tellement j'ai des difficultés avec les handicapés... et il était handicapé ! Il était monstrueux, avec ses grosses lèvres, ses yeux qui se croisaient... Et Simone de Beauvoir, debout derrière sa chaise, qui me regardait avec ses yeux revolvers tout le temps de l'entretien !

Tu ne m'as pas parlé des présidents de la République ; pourtant tu en as vu passer... Tu as connu de près François Mitterrand ?

Pour je ne sais plus quelles élections, Mitterrand voulait pour son comité de soutien des intellectuels et des femmes. Il avait sollicité Revel qui avait accepté. Revel faisait partie de son clan, de son « shadow Cabinet ». Un jour, nous sommes donc invités à dîner avec lui. Un petit dîner, huit personnes. Il est en face de moi et, brusquement, je sens quelque chose qui monte le long de ma jambe. C'était lui qui avait enlevé sa godasse et qui me faisait du pied, en chaussette ! Je l'ai regardé et il a retiré son pied... C'est mon seul contact avec lui ! Chirac, lui, a été adorable. Il m'a invitée à plusieurs de ses garden-parties. Un être profondément gentil. Pour son anniversaire, sa fille Claude avait organisé un dîner dans un petit restaurant antillais où je me suis beaucoup amusée avec lui.

Et le président actuel ?

Je faisais ma chronique dans mon placard à balais – le journal était encore rue des Italiens –, quand mon téléphone sonne. « Bonjour, je suis le maire de Neuilly et je voudrais déjeuner avec vous... » Comme je dormais très peu, je ne déjeunais jamais, mais en quelques minutes, avec son bagout, il est arrivé à me convaincre ! Quand je suis revenue du déjeuner, j'étais sur un nuage et j'en ai parlé à Revel : « Si cet homme n'est pas un

164

jour président de la République, c'est à désespérer du pays. »

Tu as quand même été bien fière de travailler au Monde...

Attends ! Tu ne te rends pas compte, mais de mon temps, travailler au *Monde*, c'était le Graal ! Entrer au *Monde*, c'était, je ne sais pas comment te dire, comme être accepté à l'ENA : c'était quelque chose d'extraordinaire. Après, c'est *Libération* qui a joué ce rôle... Il faut que tu saches que Beuve-Méry, patron idolâtré des journalistes, aurait trouvé normal à l'époque que nous le payions pour avoir le droit d'écrire dans son journal !

Est-ce que tu crois qu'on t'a gardée au Monde *parce que tu étais la fille de Nathalie Sarraute ?*

Beuve-Méry a rencontré ma mère à New York – ça faisait déjà quatre ou cinq ans que j'étais au journal –, il s'est approché d'elle : « Bonjour, Madame, est-ce que vous avez un rapport de famille avec ma Sarraute ? – Oui, c'est ma fille ! »... Maman ne pouvait rien pour moi, jusqu'à *Enfance* elle n'avait pas encore de notoriété...

Quand en 86, dans un dîner avec Revel, un éditeur m'a proposé de publier mes chroniques sous le titre « Dites donc ! », il était prévu que je fasse toutes les TV et les radios, de Pivot à

Bouvard. D'où ces dix ans aux « Grosses Têtes ». Quand j'ai dû annoncer ça à ma mère ! « Tu fais tout ce que tu veux, mais si tu parles de moi une seule fois, je ne te reverrai jamais ! » Je te rappelle qu'elle ne voulait pas avoir de succès, elle voulait écrire pour l'élite, elle avait horreur du succès populaire.

Tu te rends compte que le nom de ta mère n'a pas dû t'aider à vendre un seul de tes livres, alors que toi, ta popularité, par ricochet, lui en a sûrement fait vendre !

Heureusement qu'elle n'est plus là pour entendre ce que tu oses dire là !

Elle a surtout été fière de moi quand j'ai commencé à être en dernière page du *Monde* ; Papa aussi, qui découpait mes articles. C'est d'ailleurs lui qui disait à Maman : « Écoute, c'est formidable ce que fait Claude ; elle a un ton, c'est unique ! » Pour Maman, je ne valais rien... heureusement qu'il y a eu *Le Monde* ! Ce que j'ai été fière qu'ils soient fiers ! J'avais tellement ramé !

Mais ma plus grande fierté, c'est quand je suis arrivée un jour au journal, et que j'ai vu toutes les femmes de ménage lire mon billet. Je m'en souviens encore ; ça c'était vraiment le succès ! On en était au dixième jour de la guerre du Golfe et un mensuel féminin avait titré « La guerre des kilos », j'avais fait mon papier là-dessus alors que tout le reste du journal parlait de la vraie guerre !

166

Quand ta chronique a commencé à avoir beaucoup de succès, un autre journal n'a jamais essayé de te débaucher ?

Non ! J'en aurais été flattée, même si je serais sûrement restée au *Monde*. Dans une garden-party de Chirac, j'avais croisé l'ex-grand patron de presse, Robert Hersant, devenu un vieux monsieur ; il m'a dit combien il aimait mes chroniques. Je lui ai balancé : « Mais alors, pourquoi n'avez-vous pas essayé de me débaucher ? » Il m'a répondu : « Tiens, je n'y ai jamais pensé ! »

Tu l'as échappé belle, Hersant a dit un jour : « Quand je rencontre la première fois la rédaction d'un journal que je viens d'acheter, je demande aux journalistes la permission d'aller pisser. La deuxième fois, je vais pisser sans rien dire. La troisième fois, je leur pisse dessus ! »
Et justement, chef ? On ne t'a jamais proposé d'être chef d'un service ou d'un bureau dans le journal ? Quand même, avec quarante ans dans la même maison, normalement, on obtient un poste à responsabilités !

J'ai toujours détesté l'idée d'être chef, l'idée de diriger les autres. Je n'avais qu'une envie, c'était d'écrire, de signer, de me faire remarquer. J'ai seulement été le chef de ma vie !

Ton premier livre a donc été un recueil de tes chroniques, mais après tu as écrit de vrais romans...

Là, il faut que je te parle d'une dame qui a été très importante au *Monde* : Yvonne Baby. Elle a été mon chef au service culturel. Elle était encore au *Monde* en 1990. D'ailleurs elle a publié, l'an dernier, quinze entretiens qu'elle avait faits pour le journal avec Orson Welles, Bergman, Bresson, Buñuel, Pierre Boulez, Fellini, Woody Allen, Godard, Truffaut... tu te rends compte du casting !

C'était une très belle fille dont le père était un communiste militant et que sa mère avait quitté pour épouser Georges Sadoul, un grand critique de cinéma. Yvonne a écrit des romans poétiques, extrêmement élitistes, et je crois même qu'elle a eu le prix Interallié pour son premier, *Oui, l'espoir*, dans les années 60. Je savais qu'elle connaissait l'éditrice Françoise Verny ; j'ai dit à Yvonne : « J'ai écrit 50 pages, je ne sais faire que du dialogue, mais sois mignonne, passe ça à Françoise Verny. » Quarante-huit heures après, Verny me téléphonait ! C'est comme ça que j'ai commencé à écrire des romans... Et d'ailleurs je faisais jouer à Verny un rôle récurrent : le rôle de mes copains au journal qui m'engueulaient tout le temps : « Arrête avec tes questions à la con, ne me dis pas que tu ne sais pas ce que c'est que l'UMP. » Et elle : « Ne me dis pas que tu ne sais pas où tu vas faire se rencontrer tes personnages... » Françoise Verny aimait bien ça. J'ai utilisé ce procédé pour mes deux premiers romans. Ça apportait une note d'humour et surtout d'autodérision.

C'est Olivier Orban qui m'a ensuite débauchée de chez Flammarion, pour que je vienne écrire *Des hommes en général et des femmes en particulier* pour Plon. C'était un petit essai, avec un ou deux personnages pour illustrer mon propos. Il me disait toujours : « Il y a trop d'Amérique, dans ton livre », mais ce n'était pas ma faute ! C'est quand même là-bas que tout a commencé, le mouvement de libération de la femme, les juifs, les homos, tout !

Plon, c'était aussi la maison d'édition qui publiait Jean-François Revel...

Tiens, justement, l'autre jour, mon fils Nicolas vient me voir et me dit qu'un copain lui a demandé les Mémoires de son père, *Le Voleur dans la maison vide*. Il est allé dans plusieurs librairies et le livre est épuisé. Nicolas me balance : « Tu devrais appeler votre éditeur Olivier Orban et lui dire que ce n'est pas acceptable ! » Le problème c'est que moi, ça me fait honte, ce genre de choses : l'image de la veuve éplorée qui surveille l'œuvre posthume de son mari...

Comme Orlando avec Dalida ! Tu vas être l'Orlando de Revel !

Oh, là, là, non, moi je ne sais pas faire ça... Alors j'ai dit à Nicolas de s'en occuper. Il revient au bout de cinq jours et me dit : « Dis donc, ton éditeur, je lui ai laissé mon numéro de téléphone, il ne m'a jamais rappelé, c'est à toi de jouer. » J'en ai alors parlé à Véro, ma fille, qui m'a beaucoup poussée ; j'ai pris mon courage à deux mains et j'ai tourné ça comme ça : « Je n'ai plus que trois exemplaires du *Voleur dans la maison vide* : un pour Paris, un pour la Bretagne et un pour la campagne, mais imagine que quelqu'un m'en pique un ou que j'en perde un, ce n'est pas normal qu'on n'en trouve plus ! » Il m'a répondu : « Tu sais, je l'aimais presque autant que toi. » Il en a donc réimprimé. La veuve a bien fait son travail ! Il suffisait de demander.

Quand même, c'est important, Revel aurait été content qu'on continue à réimprimer ses livres...

Ça d'accord ! Mais de là à supplier de le faire ! Je me souviens qu'en 1987 lorsque j'ai sorti mon premier roman, *Allô Lolotte, c'est Coco*, j'ai fait beaucoup de télé et, comme la chronique du *Monde* marchait bien, forte de tous les bons échos qui me revenaient, un jour, je suis allée voir au rayon librairie des Galeries Lafayette... Pas un livre à moi dans les gondoles ! Je rentre le soir à la maison et dis à Revel : « C'est une catastrophe, *Lolotte* n'est nulle part aux Galeries Lafayette ! » Revel m'a répondu : « C'est la dernière fois que tu fais ça ! Je t'interdis de remettre les pieds dans une librairie ou même de regarder ne serait-ce que les vitrines d'une librairie, ça ne se fait pas ! » J'ai obéi au doigt et à l'œil, j'en ai même fait une chronique pour *Le Monde*. Et il avait raison ! Je n'ai plus jamais recommencé !

Revel te parlait de son travail ou de ses livres ?

Jamais de ses livres ! De temps en temps, il m'apportait simplement le manuscrit de son article du *Point*... Mais comme pour chacun de mes bouquins je lui réservais une dédicace dès le premier service de presse, il faisait pareil pour moi, toujours la même dédicace, d'ailleurs... Il aurait pu se creuser un peu ! Moi, je couvrais la page avec mes mots gentils et, lui, il écrivait juste : « Avec tout mon amour », un truc comme ça ! J'ai bien sûr lu tous ses livres, parfois même avec du mal, comme par exemple son best-seller avec son fils Matthieu Ricard, *Le Moine et le Philosophe*. Le philosophe, ça allait encore, mais alors le moine !!

S'il fallait choisir, tu conseillerais à quelqu'un de lire un livre de Revel, de Nathalie Sarraute ou de Claude Sarraute ?

Oh, de moi, pas question ! Mes livres, c'est de l'édition, ce n'est pas de la littérature ! Quant à Maman et Revel, ça n'a tellement rien à voir ! Il faut lire les deux. Surtout Revel, le fameux *Voleur dans la maison vide*, ses Mémoires, c'est extraordinaire ! C'est drôle et émouvant à la fois, et très savant aussi, évidemment ! Le titre s'inspire d'un proverbe bouddhiste et il s'attaque à tous les sujets : la politique, le cinéma, la littérature, la philosophie, l'édition, les arts... Heureusement, il y tape beaucoup sur sa première femme mais il ne dit rien sur moi, ni en bien, ni en mal. Il avait prévu de continuer ses Mémoires et ç'est là que je serais probablement rentrée dans le jeu... Le deuxième tome devait s'appeler « Le Bada », en argot marseillais, ça veut dire le supplément, le rabiot... Grâce à Dieu, j'ai échappé à ça ! Parce que sa mère et sa première femme, il ne leur fait pas de cadeaux !

Tu m'as dit que tu avais lu tous les livres de ta mère, mais, elle, est-ce qu'elle lisait les tiens ?

Mon problème, c'était de ramener un livre à Revel, un autre à ma mère, et de savoir ce que j'allais leur écrire comme dédicace... Souvent, je la ratais et je devais en racheter un exemplaire pour en faire une nouvelle... Quand elle le recevait, elle me rappelait toujours : « Mon chéri, j'ai lu ton livre, j'y ai passé la nuit, j'adore ! Quand est-ce que tu m'en fais un autre ! » À part moi, elle ne lisait que Cervantès et Dostoievski, alors forcément, ça la changeait ! Elle me disait chaque fois : « C'est du champagne ! » Elle n'avait jamais rien lu de pareil, tu sais qu'elle n'a jamais ouvert un magazine féminin... Je ne dirais pas qu'elle était fière de moi, mais disons qu'elle n'avait pas honte !

Elle était beaucoup plus fière de ma sœur Domi qui, elle, a réussi en dehors du domaine de l'écriture : elle a inventé un mélange de photos et de tableaux qu'elle crée pour les plus grosses compagnies mondiales, genre IBM, Coca-Cola ou Air France. Ils lui remettent une capsule de bouteille de Coca ou un logo, je ne sais pas moi, et elle en fait des détournements qu'ils accrochent dans leurs bureaux ou qu'ils publient dans leurs magazines internes. À l'Unesco, elle a fait une grande exposition de poinçons en caractères hébraïques et de chaque civilisation ; elle gagne des mille et des cents ! Maman était donc très fière qu'une de ses filles s'épanouisse dans un domaine qui lui était totalement étranger ; tu vois, moi, avec mes bouquins, c'était limite...

Tu ne trouves pas dommage qu'après ta grand-mère écrivain, ta mère écrivain, toi-même écrivain, il n'y en ait pas parmi tes enfants ?

Non ! Mais je n'aime pas que tu dises ça, mon chéri. Ma mère était un grand écrivain, et moi j'écris des romans de plage ! Les seuls articles que j'ai eus sur mes bouquins, ça a toujours été : « Comment est-ce que la fille d'une aussi grande dame des Lettres, mondialement connue, peut écrire comme ça ! » Sauf que pour exister, il fallait bien que je trouve un truc ! Je ne pouvais rien faire qui ressemble de près ou de loin au Nouveau Roman.

Ma fille adoptive s'appelle Sarraute, mais elle écrit ses articles sous le nom de Véronique Grousset. Mes sœurs auraient voulu qu'il y ait une rue Nathalie-Sarraute. Moi je n'en vois pas l'intérêt !

Tu as reçu une décoration, toi ?

Oui, mais je l'ai refusée. Les Arts et Lettres ! Ma mère avait refusé la Légion d'honneur, et je trouvais qu'un journaliste n'avait pas à recevoir de médailles. J'ai empêché Revel pendant des années de recevoir quelque chose, mais à la fin, il m'a dit : « Cette Légion d'honneur, tu ne peux pas m'en empêcher, c'est Bayrou – qui était alors ministre de l'Éducation – qui veut me la donner pour mes années de professeur. » C'est comme pour l'Académie française, j'avais posé une condition à son entrée : c'était de ne pas se représenter s'il n'était pas élu la première fois ! Ça aurait été ridicule ! Son conseiller, à ce moment-là, était un vieil ami, l'historien d'art et académicien Maurice Rheims.

Un homme fin, brillant, très spirituel et très sympathique, que j'ai eu la chance d'avoir parmi mes chroniqueurs à la radio dans « Les P'tits Déj' » sur France Inter...

Justement, je le croise un jour à la radio, avec toi, et il me demande des nouvelles de Revel, je lui réponds :

« Il est content, il devrait avoir seize voix pour son admission.

— Dis-lui de ma part qu'il divise ce nombre par deux et qu'il se méfie... »

Rheims avait raison, Revel est passé à deux voix près ! Il a été élu dans le vingt-quatrième fauteuil, à la place d'un scientifique dont j'ai oublié le nom...

Étienne Wolff ! Tu devrais t'en souvenir ! Il a publié deux thèses pour devenir docteur ès sciences naturelles : Les Bases de la tératogénèse expérimentale des vertébrés amniotes d'après les résultats de méthodes directes *et* L'Évolution après l'éclosion des poulets mâles transformés en intersexués par l'hormone femelle injectée aux jeunes embryons.

Arrête, tu inventes !

Non, c'est très sérieux, c'est le moins qu'on puisse dire... mais je te rassure, je ne le connaissais pas hier ! J'ai trouvé ça en allant rechercher le discours d'intronisation de Revel sous la coupole...

C'est pas vrai ! Montre ! J'étais tellement fière, moi aussi.

« M. Jean-François Revel, ayant été élu à l'Académie française à la place laissée vacante par la mort de M. Étienne Wolff, y est venu prendre séance le jeudi 11 juin 1998, et a prononcé le discours suivant :
« Messieurs,
« En me préparant à cet instant, j'ai souvent regretté qu'il n'existât point une anthologie d'exordes... À moins de verser dans le style ampoulé, l'homme ému ne dispose pas d'une infinie variété de façons d'exprimer sa gratitude, quand il entre dans votre Compagnie, d'avouer sa fierté, mêlée certes d'un doute sur

le bien-fondé de l'honneur qui lui est ainsi fait...

« Comment, sans éprouver un sentiment d'irréalité, prendre place dans un fauteuil qu'occupèrent La Fontaine et Marivaux, Volney et Henri Poincaré ? Et où me précéda un esprit exceptionnel, Étienne Wolff ? Un philosophe, adepte d'une discipline où l'on fait assaut d'affirmations et parfois même d'arguments, ne remplace pas, sans se sentir intimidé, un éminent scientifique, praticien d'un domaine où l'on énonce avant tout des démonstrations et des découvertes. »

Ensuite, il rend deux pages d'hommage à son prédécesseur comme le veut la tradition... Il y allait tous les jeudis, Quai Conti ?

Tous les jeudis, mais le jour tombait mal parce que, avant, le jeudi, il allait chez Maxim's, au déjeuner organisé par le Club des Cent de 12 h 30 à 14 h 30 précises, c'est le règlement ! C'était important pour lui. C'est un club fermé de cent gastronomes et on y entre aussi difficilement qu'à l'Académie... Les femmes ne sont pas admises ! Deux fois par an, les épouses sont autorisées, c'est tout ! De temps à autre, un ou deux membres du club s'associent pour organiser un déjeuner particulier. Revel en a fait plusieurs et le dernier, c'était à Marseille Chez Michel, où on mangeait une très bonne bouillabaisse. Ce qui m'amusait le plus, c'est qu'il organisait des répétitions de ces déjeuners !

Ça c'est pour le Club des Cent, je comprends que ça compte, mais l'Académie française, raconte...

Le jeudi matin, à l'Académie, c'était la séance du dictionnaire et il adorait ça au point de finir par manquer ses rendez-vous entre gastronomes ! C'est te dire !

La première fois qu'il en est revenu, je lui ai demandé :

« À quelle lettre, vous en êtes ?

— C, le mot coiffeur.

— Et vous avez évidemment donné comme synonyme le "merlan" ?

— Non, qu'est-ce que c'est ? »

Alors je sors mon Petit Robert et je le lui ai montré ! Il était vexé, tu ne peux pas savoir !

Après la séance du dictionnaire dont il raffolait, avait lieu le déjeuner pour les membres du dictionnaire, et là, ils discutaient – c'était croustillant – des morts et des candidatures. Et moi, j'attendais avec impatience qu'il rentre pour avoir son compte rendu !

Qui l'a remplacé, dans ce vingt-quatrième fauteuil, à l'Académie ?

Max Gallo !

Tu es allée au discours d'investiture de Max Gallo, puisque le jeu c'est que le récipiendaire fasse l'éloge de son prédécesseur...

Obligée ! Je trouvais quand même un peu bizarre qu'on remplace Revel qui était un esprit fort, courageux, une plume formidablement incisive, méchante et brillante, par Max Gallo, mais bon...

En tout cas, il lui a bien rendu hommage, et à toi aussi...

Tu as retrouvé ça aussi ? J'étais tellement en pleurs que je n'ai rien entendu !

« ... Mesdames et Messieurs de l'Académie, si, me présentant devant vous, mon trouble est profond, c'est parce que je succède à Jean-François Revel. En effet, comme vous, je porte le deuil de cet homme que j'aimais...

« ... J'ai écrit comme si Jean-François Revel avait été penché sur mon épaule, compréhensif et impitoyable, approbateur ou déçu, voire accablé, mais toujours amical et affectueux. Il l'a été pour moi, et pour tous ceux qui restaient enfoncés ou retombaient dans leurs erreurs. Ainsi son ami Louis Althusser. »

Oh, attends, faut que je te dise un truc sur Althusser !

Louis Althusser, c'est le philosophe qui a étranglé sa femme mais qui a bénéficié d'une irresponsabilité pénale parce que la justice l'a déclaré dément au moment des faits ? J'ai vu une pièce qui s'appelle Le Caïman, *ou Claude Rich l'interprétait.*

C'est vrai que Revel lui a été fidèle jusqu'au bout, mais moi, j'étais indignée quand il est sorti de Sainte-Anne si bien que, en 1985, quand un Japonais qui avait tué et mangé une jeune Hollandaise a été lui aussi relâché et renvoyé dans son pays, où il a même écrit un best-seller dans lequel il racontait tout, j'ai réagi en écrivant un article dans *Le Monde*. J'expliquais que nous, les médias, quand on voit un nom prestigieux mêlé à un procès juteux, comme pour Althusser ou Thibault d'Orléans qui avait volé des tableaux la même année, on en fait tout un plat et on ne parle plus jamais de la victime qui n'a droit qu'à trois lignes. La vedette, c'est le coupable ! Tu ne le croiras pas, mais c'est en lisant ces lignes qu'Althusser, poussé par des amis à lui, a voulu expliquer son geste en sortant lui aussi un livre, son autobiographie, *L'avenir dure longtemps* !

Je reviens au discours de Gallo sur Revel... Tu veux le passage où il parle de toi ?

Oui, quand même ! Dis-moi !
« Et qu'hommage soit ici rendu à ses épouses, à ses enfants, que la personnalité de Jean-François Revel n'a jamais empêchés d'être,

eux-mêmes, des personnes libres dans leur vie. »

Heureusement que je ne l'ai pas entendu, ça m'aurait fait pleurer encore plus ! « Ses épouses » ! Je suis quand même restée avec lui deux fois plus longtemps que la première !

J'aime bien le passage où Gallo cite Revel évoquant ses enfants : « Moi, l'ancien élève des Jésuites, devenu athée, moi, disciple de Voltaire, animé depuis ma dix-huitième année de cet agnosticisme virulent que sait susciter la Compagnie de Jésus, je me retrouvais avec une fille orthodoxe grecque, un fils bouddhiste tibétain et un autre fils juif ! » Sa fille, c'est Ève, je l'adore. Elle est déjà grand-mère, tu te rends compte ! C'est drôle de penser qu'à nous deux, Revel et moi, on a eu six enfants. Mais le plus bel hommage, c'est son copain académicien Pierre Nora qui le lui a rendu : il a cité une des plus belles démonstrations de Revel, que j'adore ; on devrait tous l'adopter ! Tu la veux ?

« Il y a une chose à laquelle on ne songe jamais assez souvent quand on dit à quelqu'un "vous avez changé" – c'est que le monde aussi change. Vers 1960-1965, il était encore raisonnable par exemple de parier sur une certaine démocratisation de l'Union soviétique. Il était encore raisonnable de parier sur la libéralisation du Parti communiste français. Il était raisonnable de parier sur la réussite de certaines expériences dans le tiers-monde, comme Cuba, la Tanzanie ou l'Algérie. Il était raisonnable de penser que l'autogestion yougoslave avait encore une chance de s'en sortir, que l'expérience chinoise méritait l'intérêt. Depuis ces dates, toutes les expériences que je viens de citer ont sombré dans une faillite noire. L'URSS a envahi Prague, la Pologne se décompose... Ce n'est pas un individu qui change, c'est un individu qui tire la leçon des événements.

« C'est comme si vous disiez à quelqu'un qui vivait au XVIIᵉ siècle : " Je remarque qu'en 1600 vous étiez persuadé que la terre était immobile, et qu'en 1632 vous croyez maintenant qu'elle tourne. Alors vraiment, vous êtes une girouette !" Mais dans l'intervalle il y a eu Galilée, je m'excuse ! »

Ça c'est de mon Revel ! J'avais quand même raison de l'admirer !

Dis donc, j'y pense, tu ne m'as pas encore parlé de Jean d'Ormesson ; tu dois le connaître, un séducteur pareil !

C'est plus difficile d'en parler. Je l'ai connu parce que nous avions en commun une amie qui s'appelait Joyce Mansour, une poétesse dont le seul titre de gloire est qu'elle avait été remarquée, courtisée – je ne te dis pas baisée, parce que je n'en sais rien – par le prince du surréalisme, André Breton. C'était une Égyptienne très belle, très riche et, environ deux fois par mois, elle recevait chez elle tous les gens dont on parlait. J'y suis allée avec Revel et repartie parfois sans Revel, qui se faisait foutre dehors ! On rencontrait à ces soirées toutes sortes de personnes « bien ». On y voyait Jean d'Ormesson, Marcel Bleustein-Blanchet, le fondateur de Publicis et père d'Élisabeth Badinter... Rien que des habitués et des gens de pouvoir ! C'était un régal d'être là : Joyce et Samir Mansour avaient l'art de mettre leurs invités en valeur, de les faire se rencontrer... C'était la tradition des grands salons, tradition qui est morte avec Joyce. Mais pour en revenir à Jean d'Ormesson... Nous sommes allés en vacances chez lui en Corse, c'est donc quelqu'un que je connais assez bien sans jamais l'avoir fréquenté à Paris.

C'est dans des soirées littéraires que tu as rencontré Françoise Giroud ?

Dans l'édition, forcément, tout le monde se connaissait, on se croisait dans les dîners, Claude Imbert, directeur du *Point*, en donnait énormément. Nous allions aussi beaucoup à l'Opéra Bastille, Hugues Gall, son directeur, étant un ami de Revel il y avait toujours des réceptions pour les premières... Mais alors, Giroud, elle, elle me détestait et j'aurais bien aimé comprendre pourquoi ! André Fontaine, qui était chef du service étranger au *Monde*, m'a dit un jour : « Tu as toutes les chances d'avoir le "prix Mumm" pour ta chronique »... C'était plein d'argent et non imposé ! Mais Françoise Giroud qui faisait partie du jury a refusé qu'on me le donne ! Et j'ai appris qu'en plus, elle me débinait. Je me souviens d'un dîner, avec Laurent Fabius. À un moment, je vais aux toilettes et, à mon retour, je m'agenouille littéralement à ses pieds : « Françoise, je ne peux pas me l'expliquer : pourquoi vous me détestez tant ? » Elle ne m'a même pas regardée et je suis, sans un mot, aller me rasseoir à ma place. Pourtant, je n'avais jamais écrit quoi que ce soit sur elle.

C'est peut-être ça, justement ! Ou bien elle était jalouse !

Ah, non ! Le mot « jalousie » ne peut désormais s'utiliser que dans un rapport à trois, et là, ce n'est pas le cas ! Tu confonds avec le mot « envieux », mais elle ne pouvait pas être envieuse, elle avait « l'océan qui lui arrivait aux genoux » ! Un soir, elle m'a même dit : « Il ne se passe pas un seul matin sans que je me dise que je suis la seule femme au monde directrice d'un grand hebdomadaire. » Elle oubliait la directrice de *Newsweek*, mais bon, je pensais quand même qu'elle avait une chance extraordinaire... et je n'allais pas la contredire !

J'imagine que tu dois aussi bien connaître Bernard-Henri Lévy ?

Je ne le connaissais pas, mais ce que j'ai pu en entendre parler quand il a sorti un numéro spécial des *Nouvelles Littéraires* consacré aux

Nouveaux Philosophes ! Tu parles, pas un mot sur pépère ! Revel pas cité une seule fois ! Il en a été très vexé.

BHL et Revel ont pourtant cohabité dans le même journal ?

Ne m'en parle pas ! Quand BHL a pris cette chronique en dernière page du *Point*, le « Bloc notes », heureusement que j'étais assise, j'en serais tombée par terre ! Qu'est-ce que je lis ? « Aperçue hier à la télé, cette pauvre Nathalie Sarraute, cette vieille femme, j'en ai eu le cœur serré, qui traîne encore dans les studios télé, avec ce regard délavé... » C'était totalement gratuit ! Quand je pense que Maman avait retiré son nom de la *NRF*, *La Nouvelle Revue Française*, parce qu'ils avaient attaqué BHL sur sa « juiverie » et voilà comment il la remerciait ! D'autant qu'on ne voyait jamais Maman sur un plateau télé, alors qu'il n'y a pas plus coureur de caméras télé que lui ! En plus, pour cette émission sur laquelle il était tombé, c'était Bruno Masure, encore journaliste, qui s'était déplacé chez elle ! À partir de ce jour-là, chaque fois que BHL me tendait la main – c'est très curieux parce qu'il le faisait chaque fois – je la refusais. Même si je sais que Maman ne l'avait pas lu, sinon elle m'en aurait parlé pendant des heures ! Quand Revel est mort, BHL a quand même fait un papier formidable, depuis je l'ai revu et je lui retends la main ! Quant à sa femme, Arielle, je la trouve superbe. J'ai toujours aimé sa frivolité dans les spectacles de Savary... et elle est d'une gentillesse ! C'est le genre de femme qui ne peut pas voir un chien dans la rue sans se demander où est son maître.

QUATRIÈME PARTIE

UNE SARRAUTE POPULAIRE

À part des interventions en tant que journaliste invitée à « L'Heure de vérité » ou dans les soirées électorales, ta première présence régulière à la télé, c'était aux côtés de Jacques Martin ?

Je te raconte comment ça s'est passé ? En tant que critique de variétés du *Monde*, j'avais eu l'occasion d'égratigner un spectacle de Jacques et, depuis, il s'était juré de se venger. Il ne pouvait pas passer à la radio sans m'insulter : « Cette vieille salope ! cette mal baisée ! » Un jour que toute la famille partait en Bretagne en voiture, on a allumé la radio au moment où Martin se laissait aller à tous ces qualificatifs sur mon compte... il y avait les enfants et ma belle-mère dans la voiture ! Revel a été choqué : « Tu te rends compte, tu le supportes depuis un mois, mais les enfants n'ont pas à entendre ça ! »

C'était une habitude de Jacques Martin : il a allumé pendant des années Anne Gaillard ou Louis Leprince-Ringuet qui étaient ses têtes de Turc...

Revel a décidé de l'appeler : « Cher ami, j'aimerais beaucoup vous connaître. » Naturellement, il l'a invité à déjeuner. Comme ils étaient tous les deux de fins gourmets, ils se sont bien entendus et au cours de la conversation, Revel a pris ma défense : « Arrêtez, vous faites ça depuis un mois, Claude s'en fout mais moi, c'est ma femme, ça me gêne. »

Donc, c'est d'abord Revel qui le rencontre...

Oui, et plus tard, en 87, quand mon premier livre est sorti, comme je te l'ai dit, on m'a invitée partout, à la fois chez Pivot et chez Philippe Bouvard ! Je fais donc l'émission de radio « Les Grosses Têtes ». Passant de la régie au plateau d'enregistrement, je croise Jacques Martin en train de discuter avec Olivier de Kersauson. Je m'approche et Bouvard me les présente. Ils mettent leurs mains derrière leurs dos !... Et pendant toute la durée de l'émission, ces deux-là m'ont cassée en petits morceaux mais – comme je le dis toujours – ils n'ont pas « touché l'os » ! En fait, j'ai vraiment trouvé ça drôle, j'étais finalement une bonne cliente pour eux et ça leur a plu. En plus, j'étais encore jolie ; ils m'appelaient la « Madone des sleepings ». Moi, ce que je voulais, c'était faire rire ! Mais les gens ont surtout ri en m'entendant rire !

Et de la radio, Jacques Martin m'a débauchée pour la télévision ; j'ai fait avec lui l'émission « Comme sur un plateau ».

Comment ça s'est passé avec Jacques ?

Je ne suis pas tombée dans la période la plus facile ! Il était mal. C'était les années Cécilia ou plutôt « départ de Cécilia pour Nicolas Sarkozy »...

Elle, c'était une créature absolument sublime en jean et en manteau de vison, qui ne disait rien, souriait à peine, très Madone. Il ne la traitait pas toujours bien. Quand elle est partie, il arrivait comme un fou en salle de maquillage, il ne disait bonjour à personne et nous en faisait baver à son fils David et à moi. C'était une émission de cuisine où je jouais la naïve, ce qui n'était pas compliqué pour moi. Heureusement, il restait très professionnel et même farceur ; j'ai souvent raconté la fois où il avait laissé les micros ouverts alors que j'étais partie aux toilettes, sans savoir qu'il valait mieux enlever son micro si on ne voulait pas que tout le monde entende ce que tu faisais au petit coin ! Avec lui ça a duré deux ou trois ans, jusqu'à ce que je me fâche parce qu'il m'avait comparée à Gloria Lasso dans une interview où il disait qu'il avait pitié des vieilles dames ! Bon, la vérité vraie, c'est que je lui avais également cassé du sucre sur le dos dans une autre interview où je disais qu'il était un *has been* total ; ce n'était pas bien de ma part. Revel m'a aussi incitée à m'en aller en me proposant de plus en plus souvent les jeudis, jours d'enregistrement de l'émission, de partir en voyage avec lui. Et c'est vrai qu'au bout d'un moment, entre un voyage en Andalousie chez un propriétaire de porto blanc et passer pour une andouille à la télé… je n'ai plus hésité !

Et comment ça s'est fini aux « Grosses Têtes ? »

Hélas, j'ai vieilli avec l'émission et je me suis intéressée au vieillissement. Chez Bouvard, j'avais fini par prendre la place de Philippe Castelli, c'est-à-dire « la vieille de service » ! Tu te rends compte, c'était il y a plus de vingt ans ! Avec toi, ce n'est pas pareil, au moins, maintenant, j'ai vraiment l'âge !

Le racisme anti-troisième âge t'a même inspiré un livre…

Oui, ça s'appelait *Ah ! l'amour, toujours l'amour*. Comme j'étais toujours chez Bouvard, le bouquin a très bien marché. Les héroïnes étaient à la retraite, elles avaient maris, enfants et petits-enfants…

Une fois le livre achevé, j'en ai eu assez de ce sujet et de ce rôle de « vieille de service » à la radio. C'était trop tôt pour moi ! En plus, à l'époque, l'émission s'enregistrait le soir et on ne savait jamais quand on allait être de la partie ; j'étais toujours invitée au dernier moment ! Ma motivation commençait à faiblir et comme l'excitation n'était plus autant là, j'étais moins bonne... Je ressassais, je me répétais, je n'étais plus dressée sur la pointe des pieds et je commençais à m'ennuyer.

Parle-moi de Philippe Bouvard...

Il peut être féroce, même quand il te sourit : ses yeux ne frisent plus et deviennent comme deux revolvers ! Il ne voit jamais – à ma connaissance – ses chroniqueurs en dehors des émissions. À mon époque, en tout cas. Il repartait toujours de son côté, en fin d'enregistrement, mais comme il était lui aussi membre du Club des Cent, je le voyais quand Revel m'emmenait dans ses bagages. Bouvard travaillait encore beaucoup à ce moment-là : un papier dans *Match*, un billet quotidien dans *France Soir*, dont il est d'ailleurs devenu un temps directeur.

Il pouvait lui arriver d'être terriblement fourbe. Un jour, les parents d'Édouard Leclerc font une fête pour leur 50 ans de mariage et paient la bande des « Grosses Têtes » pour que nous soyons là ! Sauf que j'ai appris dans la voiture qui nous emmenait sur le lieu de la fête que j'étais totalement sous-payée par rapport à ce que ramassaient lui et les autres ! Il devait se mettre beaucoup d'argent dans la poche ! Notamment à cause du jeu. Il n'avait pourtant pas mauvais fond. Un des grands jours de ma vie, c'est lorsqu'il m'a invitée à déjeuner dans son hôtel particulier près de l'avenue des Ternes, pour faire de moi un portrait avec photo et entretien pour

Paris Match. À mes yeux, c'était un peu une consécration ! Il a quand même un parcours d'une longévité exceptionnelle ! Ce qui me fascinait chez lui, c'était une fantastique facilité et un goût immodéré pour le travail... Mais sa villa dans le Sud était d'un goût épouvantable !

Tu as fait les « Grosses Têtes » à la télé ?

Deux ou trois fois, pas plus. J'étais mauvaise. Bouvard avait raison ! D'ailleurs je ne comprendrai jamais pourquoi les gens se vexent quand on met fin à leur collaboration. Je ne peux pas croire qu'ils ne sachent pas qu'ils ne sont pas bons ! On sait quand on est bon, et on sait quand on est mauvais !

Tu as donc fait de la radio aux cotés de Sim ?

Sim était un bonhomme adorable, gentil, drôle, attentif ! C'était un vrai bon camarade d'émission. Mais j'adorais surtout Kersauson ! En dehors du fait que, pour me choquer, il m'ait un jour montré sa queue, il était d'une gentillesse profonde... Je suis tellement contente de l'avoir retrouvé, chez toi, à Europe 1 : il est toujours aussi drôle, mais il ne me la montre plus ! Tu sais qu'à RTL j'avais si peur que Revel m'entende dire des bêtises pendant l'enregistrement de l'émission que je ne desserrais pas les dents pendant les cinq dernières minutes. Je savais que c'était le moment où il était susceptible de m'entendre, parce qu'il adorait écouter le journal de 18 heures de Jacques Chapuis et qu'il pouvait parfois se brancher sur la station un peu avant !... Et puis, heureusement qu'il ne serait jamais venu à l'idée de Maman d'écouter cette radio, trop populaire à son goût !

Et l'académicien éternelle « Grosse Tête », Jean Dutourd ?

Sa femme Camille était ravissante et il en était fou. Elle savait tout mieux que lui...

Et c'est elle qui lui soufflait les réponses au premier rang pendant l'émission !

Les dernières années des « Grosses Têtes », Camille est tombée malade. À peine le micro fermé, il se précipitait pour lui téléphoner, c'était touchant... Il avait du charme, il était brillant. Il était aussi au Club des Cent, puis à l'Académie française, tout ça faisait de plus en plus de liens entre nous. Il n'était même pas amusant à l'émission, il répondait immédiatement ; je lui disais : « Arrête un peu ! » et Bouvard : « Faites semblant de chercher ! »

Ça ne devait pas être facile d'être une femme aux « Grosses Têtes »...

De mon temps, il n'y en avait pas tellement. La jockey Dary Boutboul, elle était bien mais la pauvre a eu des ennuis avec le procès de sa mère... Sophie Desmarest, trop adorable, qui à Noël arrivait avec un cadeau pour chacun, je l'admirais déjà beaucoup comme actrice... Qui d'autre comme femme ? Amanda Lear ! Elle rigolait tellement avec cette rumeur selon laquelle c'était un mec : je n'y ai jamais cru, elle a un cou de femme ! Je la trouve gentille, en plus.

Tu es sûre qu'on parle bien du même !

T'es bête ! C'est vrai que dans l'émission pour les femmes, on était souvent là comme souffre-douleur... Je me rappelle la chanteuse Gloria Lasso : qu'est-ce qu'elle prenait ! Ça me gênait un peu... Elle ne se rendait compte de rien, elle en rajoutait tout le temps. Un peu comme moi chez toi ! Remarque, c'était aussi vrai pour certains hommes : Zitrone, on se foutait beaucoup de sa gueule !

Aujourd'hui les émissions de Bouvard sont enregistrées le jour même, puisqu'il m'a suivi sur le terrain de l'actualité...

À l'époque, comme c'étaient uniquement des questions culturelles d'auditeurs, on pouvait enregistrer longtemps à l'avance et quand il arrivait un événement malheureux... c'est ce qui s'est passé avec Alice Sapritch ; la pauvre est tombée malade, puis elle est morte. Il a fallu tout effacer !

J'étais copine avec Alice et son mari de l'époque, Guillaume Hanoteaux, drôle, brillant ; nous allions souvent dîner chez eux, Revel et moi. C'était une drôle d'actrice : elle disait faux, elle parlait faux et c'est ça qui faisait son charme et son talent. Le fait que Le Luron l'imite, « Mon chéri, chéri », lui a donné une immense notoriété, elle a adoré... un temps !

Je n'imaginais même pas qu'Alice Sapritch ait été mariée !

Si ! Hanoteaux était un ancien avocat, journaliste, dialoguiste, écrivain. C'est lui qui a eu cette phrase très drôle : « Au théâtre, il y a deux sortes de metteurs en scène : ceux qui croient qu'ils sont Dieu et ceux qui en sont sûrs... »

Ils ont divorcé au début des années 70 après vingt et un ans de mariage ; il est parti avec la comédienne Amarande, ça a été terrible pour Alice. Revel a proposé que nous allions à Londres tous les trois pour lui changer les idées... Quand je l'appelais pour lui demander : « Alice, quand est-ce qu'on dîne ? » Elle répondait toujours : « Je ne sais pas, j'attends que Claire (la programmatrice) des "Grosses Têtes" me téléphone pour me donner mes dates d'enregistrement ! » C'était sa dernière activité...

Je ne peux pas terminer cette partie sans que tu me dises quel regard tu portes sur tous ceux avec qui on a partagé, ces dernières années, des moments à la fois sur et hors antenne : nos partenaires d'émissions, ceux qui font partie de la bande, comme aiment à dire les journalistes... Commençons par Gérard Miller, tiens ; attention, c'est un ami !

Je l'aime beaucoup, vraiment ! Mais il lui est arrivé de m'énerver énormément ! D'abord, je le trouvais très avare ; un jour, à Cannes, tu nous avais tous invités je ne sais plus où, pendant le festival de cinéma... En tout cas, tu avais payé pour tout le monde. Le lendemain, j'ai payé, le surlendemain Bruno Masure a payé... Le quatrième soir, il fallait bien que Gérard paye à son tour ! Au moment où l'addition est arrivée, je suis passée derrière lui et lui ai dis : « Si tu ne payes pas aujourd'hui, je ne te connais plus ! » Il est juif comme moi et tous les clichés anti-juifs, on les prend sur le dos... Toujours à Cannes, une autre fois, nous nous promenions tous ensemble et Masure arrivait à ce que les policiers nous laissent passer partout tellement il était connu ! Gérard en était malade ! C'est ce qu'il voulait ! Qu'on le reconnaisse dans la rue. Il y est arrivé aujourd'hui, et on ne se souvient plus de Masure. La roue tourne...

Et tu l'as vue tourner un certain nombre de fois...
Pierre Bénichou ?

Très bien, si drôle ! Et quelle mémoire ! Je
l'adore sauf quand il chante ! Pour moi, ce n'est
pas possible, je l'imagine toujours en train de
chanter sous la douche... Et je n'ai pas envie de
le voir sous la douche ! Tu te souviens que c'est
ensemble qu'on l'a rencontré pour la première
fois, tu voulais l'engager et j'étais venue avec toi ;
c'était chez Lipp, tu étais – chose rare – atroce-
ment en retard et tu m'avais emmenée parce que
tu n'osais pas l'affronter tout seul... Qu'est-ce
qu'il nous avait fait sa fière, mais qu'est-ce qu'il
nous a fait rire aussi !

Tu t'imaginais faire un jour une émission avec la
« génération Steevy »...

Alors, lui, Steevy, il est adorable ! Si gentil avec
les vieilles dames ! Gentil, poli, bien élevé ! Très
bien élevé d'ailleurs, par sa mère d'abord, puis
par Martha Barrière dont il était le sigisbée...

Le quoi ?

Le chevalier servant, si tu préfères ! Bon, parfois, il en fait un peu trop ; surtout quand il jouait
au théâtre avec nous ! Il fallait voir comme ça
énervait les deux Isabelle, Mergault et Alonso !

Isabelle Alonso, justement ?

Extrêmement brillante et intelligente… Mais je n'ai pas adhéré aux Chiennes de garde parce que c'était trop événementiel. Elles n'intervenaient que lorsqu'il y avait un écho dans les journaux. Par exemple, quand elles se sont aperçues que les femmes n'avaient pas le droit d'aller au bar du Fouquet's ! Ni pute ni soumise, ça faisait quand même plus sérieux… Mais celle que j'adore vraiment c'est Mergault ! C'est une sylphide…

La femme du sigisbée ?

Non, tu fais le bête ! Tu sais bien : une créature de rêve, mince, gracieuse, je l'ai beaucoup regardée quand on a joué ta pièce dont elle était l'héroïne, *La presse est unanime*. Même en pyjama, elle était belle ! Elle a un talent monumental ! Dans tout ce qu'elle fait, elle est brillante. Et surtout, c'est une très bonne cinéaste ; moi, j'ai adoré ses deux films ! Ce flair qu'elle a eu pour aller chercher cette actrice roumaine de *Je vous trouve très beau*. Elle travaillait avec Livi, le producteur, qui, à force de ne pas trouver de réalisateur pour elle, lui a dit : « Réalisez-les vous-même ! »

Au théâtre, dans l'équipe, il y avait aussi Raphaël Mezrahi.

C'est un de mes chouchous ! Tu te rends compte : il est venu à l'enterrement de Revel, avec Bénichou d'ailleurs ! Il est drôle, toujours un peu le même disque mais ça ne fait rien, on l'écoute avec plaisir ! Raphaël, c'est un peu comme un fils, et il a une petite fille, Fanny, dont il est amoureux fou...

Il y a quand même le problème de sa belle-mère !

Oh, non, tais-toi ! Pas ça ! J'en ai encore honte... Nous étions à La Réunion, pour une émission de radio avec toi, et un soir, tu nous donnes rendez-vous dans un bistro typique de l'île. Nous t'attendons pendant des heures, avant de dîner, parce que tu jouais ton spectacle...

Au Tampon ! Ce n'est pas ma faute, Claude, c'est le nom de la ville...

Tampon ou pas, on t'attendait et il y avait vingt bouteilles de punch alignées devant moi. Et ce soir-là, j'ai bu, j'ai bu... ! Tu es arrivé, j'étais pétée ! Je crois que c'est le soir où j'ai été le plus pétée de ma vie ! Et pire, je me suis aperçue que, moi aussi, je pouvais avoir le vin agressif ! Je vois encore Raphaël arriver au restaurant avec sa belle-mère – elle habite à La Réunion – et moi qui attaque : « Tu te rends compte, tu prends une voiture de France Inter pour aller chercher cette dame à l'autre bout de l'île, pour qui tu te prends ? » J'étais en boucle à lui répéter ça tout le dîner ! Je ne sais pas pourquoi j'en voulais à cette dame...

Peut-être parce qu'une personne de plus, ça faisait du rhum en moins...

Raphaël me regardait, sidéré – il est la bonté même – et toi, tu me disais : « Claude ! Arrête maintenant ! » Et là-dessus, j'ai vomi sur tes chaussures ! Si ça s'était arrêté là, encore...

Quand même, mes chaussures...

En sortant, ivre de rage, je donnais des coups de pied dans les pneus des voitures garées devant le bistro. Je me suis réveillée le lendemain matin, rien ! Une fleur ! Comme si rien ne s'était passé. Une heure passe et, brusquement, ça me revient... J'ai cru que j'allais mourir de honte. Raphaël a été merveilleux de gentillesse avec moi.

Sauf le soir de sa dernière au théâtre !

Ah, ça, je lui ai pardonné mais il n'aurait pas dû... Il a fait foirer la dernière représentation ! À cause d'une alarme antivol qui s'était déclenchée chez lui...

Il faut expliquer que Raphaël est un malade d'électronique et d'appareils en tout genre ; il doit avoir quinze téléphones portables et dix-huit émetteurs reliés aux portes de son domicile...

Voyant qu'une alarme s'était déclenchée chez lui, il quitte le théâtre en pleine représentation, pensant qu'il avait le temps de faire un aller-retour pour vérifier ce qui se passait. Évidemment, tout le monde stressait le temps qu'il revienne ; je crois que c'est toi ou un régisseur qui l'avez même remplacé le temps de quelques répliques... Il a réussi à revenir avant la fin de la pièce mais je crois qu'Isabelle Mergault, elle, lui en veut encore... Et pour couronner le tout, voulant se rattraper et faire rire le public au moment des saluts, il a cru bon de se déshabiller devant tout le monde et il a envoyé sa chemise par-dessus la rampe. Sauf que la boucle de sa ceinture, qu'il a également voulu lancer dans le public, m'a tapée fort en plein sur la joue... Une vieille dame comme moi... J'étais folle de colère, ce que je l'ai engueulé ! Et ce qu'on a bien rigolé quand même !

C'est Annie Lemoine qui t'a remplacée dans ce rôle de Madame Trouparent, à Paris pendant quelques mois puis sur une partie de la tournée...

J'ai une grande tendresse pour Annie, comme pour ta meilleure amie, Annie du Havre d'ailleurs... Elles sont bien, les Annie ! J'ai lu tous les livres d'Annie Lemoine, elle écrit pour les femmes... Je trouve qu'elle a une classe folle. Quand pour les dernières de « On a tout essayé », tu as repassé tout ce qu'elle avait fait dans l'émission, je n'en revenais pas ! Drôle, jolie, même quand elle se déguisait, tu l'as fait chanter, danser... j'étais ébahie !

Toi aussi, on t'a fait faire des tas de truc incroyables pour « On a tout essayé »... Des caméras cachées avec Dan Bolender, par exemple !

J'ai adoré faire ça ! D'autant qu'on suivait l'actualité. Je me rappelle le jour où tu m'as fait jouer une femme enceinte de 8 mois ! À mon âge ! C'était l'époque où un médecin italien prétendait qu'on pouvait faire des enfants après 60 ans ! Vous m'aviez mis un faux ventre, de faux seins et je marchais les jambes un peu écartées, en me cramponnant à mon fils, joué par Bolender ; je devais raconter que c'était lui qui m'avait donné son sperme ! On était allé dans une pharmacie pour y acheter des tétines et la pharmacienne m'avait répondu : « Vous faites la queue comme tout le monde ! » Alors, je m'étais effondrée sur une chaise et j'avais lancé : « C'est mon fils, c'est lui, le papa ! »

Je me souviens aussi qu'on t'a fait suivre un cours de gym en te faisant doubler par une cascadeuse !

Elle portait mes vêtements et une perruque qui ressemblait à mes cheveux, et elle faisait des cabrioles ; les gens croyaient vraiment que c'était moi : ils étaient estomaqués ! Et une autre fois, tu m'as fait jouer Madame Irma, j'étais dans une roulotte, avec un turban, et je lisais les cartes... Attends ! J'ai adoré faire tout ça. C'était tellement décalé ! C'était ça, la bonne idée de l'émission : que je fasse des caméras cachées et que Sophie Garel fasse des chroniques littéraires !

Tu étais proche de Sophie ?

Oui et non ! Ce qui m'a frappée, c'est quand elle s'est fait refaire la gueule et qu'elle l'a raconté à tout le monde ! Elle donnait à qui voulait l'adresse de son amie chirurgien ! Elle disait toujours, en me regardant : « Nous, les vieilles... », mais elle avait vingt ans de moins que moi ! Elle ne se rendait même pas compte qu'elle aurait pu être ma fille !... Et elle était très copine avec ce pauvre Bruno Masure qui t'a quand même un peu trahi, le jour où tu as quitté France Inter. Il s'est cru capable d'animer à ta façon en récupérant toute ta bande... Il s'est ramassé. Comme Boccolini !

À la radio, tu croises encore Caroline Diamant ou Elsa Fayer…

Caroline est très bien mais, pour moi, elle a un handicap épouvantable… ses lunettes !

Tu fais une fixette sur les lunettes, tu me dis toujours ça, à moi aussi : « Pourquoi tu continues à porter des lunettes ? »

Je ne peux pas le supporter. Je déteste les lunettes ! Tu as fait un excellent sketch sur les lunettes et tu as toujours tenu à porter tes lunettes. D'accord… mais je n'aime pas ça ! Et je t'aime quand même, évidemment ! Mon fils Laurent porte lui aussi des lunettes…

Caroline est si jolie ! Elle croit que son problème, c'est son poids alors que ce sont ses lunettes ! Heureusement, comme Elsa Fayer, elle est juive ! Elles respectent le shabbat et tout… ça me touche beaucoup ! Quand elles parlaient entre elles, au buffet, après les émissions de télé, je sentais qu'elles avaient vraiment vécu dans cette tradition et ça me fascinait ! Alors que ça énervait Jean Benguigui qui ne supporte pas qu'on puisse encore suivre tous les rituels… Et pourtant, c'est un bon juif ! Et toujours adorable avec moi. Et quel acteur ! Il peut tout jouer ! Il faut dire que maintenant, avec ma juiverie tardive, je ne suis plus objective ! Même Jean-Bernard Hebey, je n'arrive pas à en dire du mal ! Lui, je l'ai connu au temps où il était follement amoureux de sa femme, un mannequin jambe ou mains, je ne sais plus... Tu sais, elle était mannequin, mais juste pour une partie de son corps ; le reste était bien quand même, mais ça rapportait moins !

Et Jean-François Derec, alors ?

Je ne le supportais plus. Pendant toutes ces années où il est venu dans tes émissions, est-ce que tu savais qu'il était juif ? Rien ! Moi et Gérard, on y allait tout le temps de notre juiverie, on en parlait... Et lui, rien ! Un jour, j'ouvre *Match* à la rubrique « Le jour où », je l'avais déjà faite pour « Le jour où ... J'ai appris que j'étais juive ». Et lui, qu'est-ce qu'il fait ? La même chose ! Je suis allée le voir et lui ai dit : « Tu me copies ! Comment peux-tu me faire ça ? » Cela dit, en tournée, il m'a raconté les meilleures histoire juives que j'aie pu entendre. Elles étaient courtes en plus, je pouvais les retenir !

Je sais que tu aimes aussi particulièrement Philippe Geluck.

Je l'admire comme j'ai rarement admiré quelqu'un ; il est tout autant extraordinaire dans ses dessins que sur le plan humain. C'est un être rare. Quand Revel est parti, il m'a très vite invitée, avec son adorable femme Dany ; c'était d'une grande délicatesse. Je me demande toujours comment on peut être aussi incisif dans l'humour et aussi délicieux dans les rapports quotidiens ! Je dois dire que depuis un an que tu m'as fait connaître Titoff, j'ai également découvert quelqu'un de très gentil et généreux ; j'avais été tellement vache avec lui à la télé, quand il était venu présenter son spectacle, il y a de ça plusieurs années !

Pendant l'émission, Titi, comme tu l'appelles, me tapote le bras, il est attentif avec moi, il me chouchoute et en plus, maintenant, je le trouve très drôle ! Et il faut voir sa femme : une beauté ! Tu te rends compte, il l'a trouvée au Crazy Horse ; quel chanceux ! J'ai hâte de voir leur petite Rose, elle doit être réussie.

C'est vrai que maintenant, à la radio, tu es de plus en plus entourée de jeunes !

Oui et ils sont adorables avec moi ! Ton joujou, là, Michalak ! Alors, lui, il m'épate ! C'est pour moi une incompréhension totale ! Comment fait-il pour tout savoir, tout retenir, tout lire, tous les jours ! Et il prend la taquinerie comme personne. C'est vrai qu'il est encore plus jeune que Steevy ?

De quelques mois, seulement !

Et Boubounet !

Tu veux dire Bourriquet ?

Non, Fabrice Éboué qu'on appelle Boubounet ! Lui, c'est un éblouissement ; une sorte de gros nounours qui dit des horreurs. Il est là, il se tait et, tout d'un coup, c'est comme une grenade qu'il lance dans un demi-sourire. Je suis vraiment cliente !

Tu oublies Christine Bravo et Michèle Bernier.

Michèle, on est rarement ensemble dans l'émission, alors je ne la vois que dans les téléfilms où elle m'émeut chaque fois ; quant à Christine... elle est un peu bizarre ! Tu sais qu'une fois elle m'a laissé un long message sur mon téléphone pour me dire combien elle m'admirait, combien j'étais un modèle pour elle, qu'elle voudrait être comme moi à mon âge, et ça n'en finissait pas ; jamais on ne m'avait fait autant de compliments, si bien tournés en plus ! Le lendemain, je l'appelle pour la remercier, elle me dit : « T'es folle, je t'ai jamais laissé de message ! » Et là, maintenant, elle n'hésite pas à me mordre chaque fois que tu nous invites ensemble à Europe 1.

Tu ne m'as pas parlé de Valérie Mairesse.

Ah. J'ai une dent contre elle. Quand on jouait *La presse est unanime*, elle est venue voir la pièce mais elle ne s'est même pas déplacée dans les loges pour nous saluer. Certainement vexée que tu ne l'aies pas engagée...

Mais non, au contraire ! J'avais proposé un rôle à Valérie, que j'aime beaucoup, mais elle avait refusé parce qu'elle ne voulait pas – c'était son droit – jouer avec Steevy ou Gérard qui n'étaient pas (encore ?) comédiens.

Peu importe ! J'ai vraiment trouvé inacceptable qu'elle ne monte pas nous embrasser. Elle regarde, elle critique et elle s'en va ! Alors qu'elle faisait de la télé et de la radio avec nous, deux fois par semaine ! Je préfère Judith Magre ! Ah, ce que je l'aime, elle ! Je l'admire, elle est trop géniale. Elle picole aussi pas mal, elle a toujours du champagne dans son frigidaire. Elle a une très forte personnalité et elle a été aimée par des gens qui en avaient autant qu'elle : Marcel Aymé, Lanzmann. Quelle actrice !

C'est comme ta copine Marie Laforêt. Quand je pense que j'ai joué au théâtre avec elle... Elle avait réussi la performance de reprendre le rôle de Mergault ! Fallait oser ! Et elle se l'est totalement réapproprié ; elle le jouait à sa façon, c'est une originale ! Mais il y a quelque chose qui me gênait un peu, quand même... Avec les deux Isabelle, on allait souper après le spectacle. Moi, je ne jouais que pour ce moment-là : aller faire la fête ! Tu comprends, j'avais 4 minutes sur scène, alors ce qui comptait, c'était que, soir après soir, Alonso, Mergault et moi, on aille boire des coups ! Tandis qu'avec Marie, rien ! Elle n'est jamais venue, elle partait avec son chien. À l'époque, elle voyait des complots partout, tout le temps, des maris qui se cachaient sous le lit pour la dénoncer... Et ce qui est formidable, c'est qu'elle y croyait. Je n'avais jamais vu un aussi bel exemple de paranoïa.

Et Jean-Luc Lemoine ?

Il était plein de talent, mais qu'est-ce qu'il devient ?… Celle qui est notre fierté, c'est Florence Foresti ! Je suis tellement contente de la carrière qu'elle fait. Quelle ascension fulgurante ! Ce n'est pas pour me vanter mais je crois bien que j'étais avec toi, la première fois que tu l'as vue au festival « Juste pour rire » à Montréal. Le coup de chance qu'on a eu que Deree s'en aille et qu'on le remplace par Foresti !

Ce qui te faisait surtout hurler de rire, c'est quand elle imitait notre productrice Catherine Barma !

Alors là, je faisais pipi dans ma culotte ! J'admire Catherine Barma de bien des façons, mais la manière dont elle a encaissé l'imitation que faisait d'elle Florence, chapeau ! Quel sacré caractère, cette Barma… Moi, elle m'ignorait, quelquefois j'étais même un peu triste parce qu'elle ne me faisait jamais de remarques. Elle disait des trucs aux autres et à moi rien !

C'est qu'elle n'avait rien à redire !

Je crois plutôt que ce sont les privilèges de mon âge ; on n'ose plus m'engueuler ! Il m'est arrivé la même chose quand je répétais ta pièce, j'avais un petit rôle, certes, mais la metteur en scène, Agnès Boury, faisait elle aussi des remarques à tout le monde, et jamais à moi !

Tu aurais préféré te faire engueuler ?

Ah oui ! Susciter une réaction !... En revanche, quand Revel est mort et que j'ai fait ma déprime, Catherine a été adorable et attentive. Et puis, j'aime beaucoup son mari, Philippe Lefebvre.

Pour la fête de tes quatre-vingts ans, à New York, sur la terrasse du South Penthouse du Soho Grand Hotel, tu te souviens que Christine Ockrent avait fait le déplacement...

Jamais, jamais, je n'aurais pu imaginer fêter mes quatre-vingts balais d'une façon aussi chaleureuse, sympathique, enjouée... Magique, quoi ! Merci qui ? Merci, toi, mon Laurent, qui a tout imaginé, organisé, orchestré avec ton sens unique de la fête et de l'amitié. Tout avait commencé un jour, à Europe 1, où pendant une émission, tu m'as demandé comment je voudrais célébrer mes quatre-vingts ans. Et moi de me lâcher : « Mon rêve, ce serait de parcourir les États-Unis en Greyhound bus avec quelques copains. » Et toi : « Chiche ! » Et puis, bon, j'ai oublié. Jusqu'au jour où, stupéfaite, tu m'en as reparlé ! Je n'étais plus emballée par un road-movie un peu long, un peu fatigant à mon âge, surtout en plein été, un 24 juillet. C'est comme ça qu'on a fini par débarquer à vingt-huit à New York... Et oui, je me souviens du discours d'Ockrent !

Christine a fait une carrière extraordinaire. Quand j'étais critique de télé, j'avais plusieurs fois écrit dans *Le Monde* pour qu'elle présente le journal télévisé. Une femme au JT, comme il y en avait déjà dans tous les pays civilisés ! Maintenant, l'exploit chez nous, c'est un Noir qui présente le 20 heures de TF1 alors qu'aux États-Unis, ça y est, même leur président est noir ! Notre retard, ça me rend malade !

Ce que j'aime chez Ockrent, c'est son indépendance vis-à-vis de son mari, même si c'est plus compliqué maintenant qu'il est ministre de Sarko ! Anne Sinclair ou Béatrice Schönberg ont dû s'effacer devant leur mari, alors que Christine, que je voyais tous les lundis aux émissions de radio, s'est bien accrochée. D'ailleurs, Kouchner l'a dit l'autre jour : « Si un de nous deux devait partir, ce serait moi ! » Il faut dire que DSK est plus macho, Anne Sinclair s'est complètement ratatinée devant lui ! Quelle conne : elle avait une émission formidable ! Elle était belle, douée... et juive ! J'adorais ! Une fois que son mari ministre a eu de vraies ambitions, elle a quitté l'antenne pour qu'on lui donne l'informatique à TF1 ! Chaque fois qu'on veut mettre quelqu'un au placard, on lui donne ce genre de poste : les nouvelles technologies ! C'est terrible, ça !

Puisqu'on est dans les femmes de ministre ou d'ex-ministre, un mot sur Danièle Evenou qui était aussi avec nous à New York pour tes quatre-vingts ans...

Alors, elle, elle est trop ! Son one woman show, qu'on est tous allés voir, ne pouvait pas nous surprendre vu qu'elle le fait tous les soirs dans la vie ! « ... Et Mitterrand ceci, et l'Élysée cela, et mon mari, et Jacques Martin, etc. »

Mais attention, elle a un charme fou... Et aussi un côté pathétique, parce qu'elle n'est plus très jeune maintenant, et qu'elle porte encore des ceintures très serrées, des jeans moulants : je trouve ça tragique !

Pourquoi ? Toi aussi, tu faisais attention à toi à son âge !

Je ne me moulais pas dans des jeans, je faisais attention à ce que je bouffais et je mettais des blouses ! Ah non, tu as raison, il y a une photo de moi où c'est la honte ! Je portais encore ma chemise dans mon pantalon et j'avais un ventre ! Et encore, je devais le rentrer, mon ventre !... Mais bon, Danièle est très mignonne, très spontanée, gaie, adorable... et totalement folle !

Et Péri Cochin, tu ne la connaissais pas avant de faire des émissions avec elle ?

Du tout ! Mais quelle découverte ! Élégante, raffinée, un mari merveilleux… Et il lui arrive toujours des tas d'histoires qu'elle peut nous étirer sur plusieurs semaines, ça fait comme un feuilleton ! Je me souviens de notre voyage sur le Nil, tous ensemble, on était toujours morts de rire avec elle ! Et ces dîners-casting ! Elle ne savait pas avec qui nous inviter, Revel et moi ! Elle a finalement choisi Christine Orban et son mari, Olivier, notre éditeur. Revel ne voulant pas y aller, il s'est décidé à la dernière minute fin soûl, et il n'a pas ouvert la bouche de la soirée. Et quand le dessert est arrivé, il a dit : « Je m'en vais ! » On n'a jamais été réinvités ! Mais il y a aussi eu des fêtes merveilleuses chez elle, pour tes 40 ans par exemple… Je me souviens que c'est elle qui avait organisé une collecte pour qu'on t'offre un cadeau ; c'était une œuvre d'art contemporain incroyable : un alphabet formé de cubes avec des photos de culs de camions ! Quand Bénichou a vu ça, il voulait qu'elle nous rende l'argent ! Ce qu'on a ri !

Parmi toute la bande, il y en a qui t'ont vraiment déçu ?

Oh, tais-toi !… Françoise Xenakis ! C'était une bonne copine avant que tu la fasses venir dans l'émission. C'est vieux, c'était sur France Inter. Je la connaissais bien parce que, pour *Le Monde*, j'allais tous les ans à Téhéran ou à Chiraz en Iran, et à Beyrouth, au Liban, pour couvrir les festivals d'été. À Chiraz, comme son mari était compositeur et qu'on y jouait ses œuvres, on s'est vues deux ans de suite, on était encore copines comme cochon. Et puis... elle vient dans l'émission de radio. Là, gros changement ! Il y a une chose qu'il ne faut jamais faire dans cette bande, c'est te dire à toi du mal de l'un ou de l'autre. Et elle l'a fait avec moi, tu ne l'as pas gardée. Tu as bien fait !

C'était devenu la guerre des vieilles !

Mais, moi, je ne lui avais jamais rien fait ! Ah si ! Une fois, je lui en ai voulu, mais elle n'en a jamais rien su. On m'avait invitée à aller chez Delarue et je ne pouvais pas, je ne sais plus pourquoi... Le sujet, c'était les vrais jumeaux. Un sujet qui me passionnait, pourtant. Je refuse et on la prend, elle. Je regarde l'émission et elle dit : « Tout vient de l'éducation. » Alors que la veille, elle m'avait expliqué qu'elle avait deux petites-filles jumelles et que c'était hallucinant et fusionnel. Et là, dans le poste, elle disait que tout venait de l'acquis ! Tout ça parce que c'était la mode de dire ça ! Ça m'a rendue furieuse. Les Américains ont fait des études ; ils ont pris des jumeaux, l'un a été élevé en Australie et l'autre en Inde. Ils se sont retrouvés à 40 ans. Ils portaient le même blouson en skai, ils fumaient les mêmes Marlboro, ils commençaient leurs romans par la fin, et autres détails de ce genre ! Extraordinaire ! Donc dire que tout venait de l'acquis c'était ridicule, mais comme la gauche était bien-pensante, il a fallu qu'elle raconte qu'il n'y avait rien d'inné. Est-ce que tu savais que Gérard Miller et moi, on ne s'est pas parlé pendant deux ans ?

Pas pour les mêmes raisons...

Tu avais reçu dans l'émission un garçon qui s'appelle Jean Montaldo et qui était un copain de Revel. Gérard l'a attaqué sur le fait qu'il ait travaillé à *Minute*, et moi, sur la foi de ce que Montaldo avait dit à Revel, j'ai répliqué qu'il y faisait la critique de télé et que ce n'était pas si grave ! Bref, on s'est agrippés. Et Gérard m'a encore attaquée dans la presse le lendemain. N'empêche que Montaldo a fait un procès à Miller et que c'est lui, Gérard, qui a gagné.

Je crois que c'est à la mort de Revel qu'on est retombés dans les bras l'un de l'autre. Les amis, ça compte à ce moment-là... Et les week-ends dans ta campagne, j'aime tellement les passer avec lui ! Surtout quand il y a aussi Julie d'Europe 1 et ton ami Marc-Olivier Fogiel, qui est un homme exquis. Tout le monde dit qu'il est moins mordant qu'avant, mais même à l'époque où soit-disant il mordait, je trouvais qu'il faisait simplement son travail d'intervieweur. Je l'adore.

Tu écoutes Julie depuis longtemps...

Alors, maintenant qu'elle est en duo avec Marco, c'est le pied total ! Quand je pense qu'on les voyait tous les deux chez toi, avant qu'ils ne travaillent ensemble le matin sur Europe. Je suis sûre que ça a beaucoup fait pour leur complicité.

Je ne te cache pas que certains matins quand je les rejoins dans le studio, je me demande quel plat de pâtes je dois préparer !

Julie, de toute façon, j'avais une passion pour elle avant même de la connaître. Quand on m'a confié cette chronique au *Monde*, c'était l'époque où je devais beaucoup écouter la radio, tôt le matin, et j'étais tombée amoureuse de sa voix. C'est une voix rieuse. Le jour où j'ai appris qu'elle avait eu un accident de voiture terrible, j'étais hors de moi ! C'est ma compagne d'écoute... Et grâce à toi, j'ai fait la connaissance de son mari que j'aime beaucoup, Gérard Leclerc, le frère du chanteur Julien Clerc. J'adore quand on peut parler politique chez toi !

Mais quand même, tu es toujours contente de faire de la radio avec nous, ne serait-ce qu'une fois par semaine ?

L'année dernière, quand je me suis cassé le dos, j'ai dit que je ne reviendrais pas. Je souffrais trop. Ça a duré quatre mois. Et tu m'as convaincue : « Si, tu dois revenir ! Ça va t'obliger à rester debout sur tes doigts de pied, à te tenir informée – je le suis toujours – et à répliquer aux autres. » Tu avais raison ! Je suis ravie que tu aies insisté.

Mais tu sais, je sors encore tous les soirs. Je ne sais pas comment je rentre, mais je sais que je sors ! Mais, dis, il faut qu'on arrête là, tu me fais parler de tout le monde... Je ne vais plus oser les regarder avec tout ce que tu me fais dire !

CINQUIÈME PARTIE

CLAUDE AU QUOTIDIEN

Tu m'as raconté que Jacques Martin t'avait choisie comme candide à ses côtés parce que tu ne savais pas faire la cuisine. Tu n'as jamais fait la cuisine ?

Si, une fois ! Avec Stan, mon premier mari, nous vivions toujours dans des appartements qu'on nous prêtait, et dans le premier il y avait une cuisine...

Oui, il y a souvent des cuisines dans les appartements, je te montrerai !

Ne te moque pas ! À l'époque, je prenais des cours de théâtre et je me suis dit que ça ferait plaisir à Stan si je me mettais à la cuisine. Je me suis lancée dans un « porc aux pruneaux », recette que j'avais dû trouver dans un magazine. Au bout de quatre ou cinq essais, je sers mon « porc aux pruneaux » à Stan... Il l'a mangé comme ça, en me parlant d'autre chose, comme si de rien n'était, et je me suis dit que c'était mon dernier « porc aux pruneaux » ! Franchement, ça n'en valait pas la peine... En plus, comme je suis très distraite et peu douée, c'était inutile de persévérer.

Même cuisiner des choses simples ?

Écoute, je me marie, après j'ai des enfants, après j'ai des gens – des couples souvent – pour s'en occuper... Le problème, c'était le week-end. Alors, j'avais mis au point une méthode formidable : je prenais un saladier où je mélangeais fromage râpé et boîtes de tomates concassées, je mettais des pâtes dans une casserole d'eau froide – je n'ai jamais su s'il fallait que l'eau soit chaude ou froide, alors dans le doute... Je hais les pâtes ! –, une fois cuites, je versais les pâtes égouttées dans le saladier, j'ajoutais du jambon, parfois des biftecks hachés ou des carrés de poisson. Mais il restait le problème de la poêle...

Quel problème de la poêle ?

Bah, après tout ça, faut la nettoyer, la poêle ! En tout cas, les enfants ont mangé ce genre de trucs jusqu'à ce que Martin, le cadet, ait 8 ans et qu'il me dise : « Maman, sors de la cuisine, c'est moi qui vais préparer le déjeuner » ! À partir de là, ce sont eux qui ont préparé leurs repas. Tu vois, ce qui est génial, c'est que si tu ne le fais pas, il y a toujours quelqu'un pour le faire à ta place ! C'était comme un principe pour moi : je ne voulais pas être chauffeur – conduire les enfants à droite à gauche –, je ne voulais pas faire la cuisine, je ne voulais pas m'occuper de leurs devoirs... La seule chose que je leur ai apprise c'est à lire l'heure ! Parce qu'ils ne l'apprenaient pas à l'école. Je n'avais aucune patience, j'élevais la voix, ils pleuraient...

Et si, là, je te demande de me faire une omelette ?

Non, non ! À cause de la poêle !! À la limite un œuf à la coque, mais je ne suis même pas sûre du temps qu'il faut !

Mais Claude, tu n'as jamais fait la vaisselle ?

La vaisselle ? !!! Quelle horreur !

Tes parents ne t'ont pas appris à faire la vaisselle ?

Mais les pauvres, ils ne savaient pas la faire eux-mêmes ! Ils ont toujours eu une dame qui venait et qui faisait tout. Ma mère était logique avec elle-même, c'était une intellectuelle pure et dure ! Elle méprisait les gens qui aimaient manger. Il y avait deux mots interdits à la maison : « fesse » et « manger » !

Un jour, j'ai dû dire : « Je n'aime pas les épinards », mon père a répondu : « C'est passionnant ce que tu nous dis là, Claude, on va appeler l'agence France-Presse, ça va intéresser la France entière ! » On ne parlait ni de nourriture, ni d'argent. Arrive Revel dans le tableau ! Lui, c'était l'opposé, il ne pouvait pas mal manger ! Alors, il invitait mes parents au restaurant. Papa était ravi, le pauvre amour – il en avait assez de manger n'importe quoi depuis cinquante ans –, mais ma mère, elle, était mal à l'aise. Elle n'aimait pas manger, enfin, disons plutôt qu'elle ne voulait pas avoir l'air d'aimer...

Manger, ce n'était pas assez intellectuel ! Puis, au fil du temps, elle y a pris goût. Elle commençait même à faire la difficile : « Je ne comprends pas pourquoi on retourne dans ce restaurant, on est déjà venus là il y a deux mois ! » Attention, c'étaient des établissements 3 étoiles ! Revel adorait la sortir, surtout après la mort de Papa...

C'était sympa de la part de Revel de s'occuper ainsi de ta mère...

Tu parles ! Après la mort de Papa, Maman a dû passer une seule soirée de sa vie en solitaire ! Il fallait qu'on s'organise tous ! Pas seulement les trois filles, mais aussi Revel, et on rameutait également les copines et les admirateurs de Maman. Moi, je la sortais tous les dimanches soir et je l'emmenais soit à l'annexe d'Alain Ducasse soit à l'annexe de Guy Savoy. Il ne s'agissait plus de la tromper sur la marchandise, ou de l'emmener dans un endroit un peu moins chic ! Dans l'esprit de Maman, ce qui était un défaut chez les autres était devenu un atout pour Revel. Il faut dire qu'il entrait dans les restaurants comme s'il était chez lui. Il connaissait tout le monde, allait dans les cuisines. Au début, Maman me disait : « C'est un intellectuel, je ne comprends pas ce goût qu'il a pour la cuisine », mais elle a très vite changé son fusil d'épaule.

Et le ménage ? Tu l'as fait ?

Jamais !... Ah si, quand même ! Par exemple, quand je laisse une tache dans la cuvette des toilettes, je la nettoie.

Repasser ?

Je crois... Je crois que j'ai dû le faire deux ou trois fois. En revanche, un aspirateur, je ne sais même pas comment ça marche, je ne sais pas me servir d'un lave-linge non plus. C'est comme ça que j'ai été élevée ! Non seulement pragmatiquement, mais aussi théoriquement. Ma mère m'a élevée comme on élevait un garçon au XIXe siècle. Et surtout, je te le répète comme elle me le répétait : « On ne se marie jamais avant 30 ans, on n'a pas d'enfant avant 30 ans ; on a d'abord une situation... »

À propos de repassage, tu as eu recours à la chirurgie esthétique ?

Quand j'ai eu Nicolas, j'avais 40 ans, et donc à ses 8 ans, j'étais un peu tapée. Alors il m'a dit qu'il ne voulait plus que je vienne le chercher à l'école. Je me suis immédiatement renseignée : dans les années 60, c'était chez les oto-rhinos qu'il fallait aller se faire lifter ; on ne trouvait pas un chirurgien esthétique à chaque coin de rue, comme aujourd'hui ! Il n'y a pas un mec au monde pour qui j'aurais fait ça, mais pour mon fils, Nicolas, tout de suite ! Il fallait voir le résultat ! J'ai gonflé comme une citrouille, un potiron énorme, le haut de ma tête rejoignait mes épaules et j'avais des bleus énormes aux yeux ! J'ai tout fait, le lifting total ! Au bout de six semaines, je suis sur la passerelle de l'île Saint-Louis avec Nicolas, il me regarde du coin de l'œil et me dit : « Tu sais, Maman, tu peux revenir me chercher à l'école si tu veux ! » J'avais perdu dix ans... Plus tard, je me suis aussi fait refaire le cou.

Et c'est tout ?

... Je ne l'ai jamais dit, ça m'embête quand même !

Pourquoi ? Tout le monde l'assume aujourd'hui !

Bon, je suis repassée sur le billard pour la télé, quand je travaillais chez Jacques Martin – il en faisait de la chirurgie, lui, d'ailleurs. On se quitte en juin et on se retrouve en septembre, je rentre dans sa loge : « Bravo, ils ne t'ont pas ratée, c'est génial ! » Je ne lui avais pas dit un mot ! C'était un connaisseur !

Et depuis ?

Quand tu es jeune, tu peux tirer sur la peau ; mais après un certain âge, c'est trop froissé ! Je suis pour agir par petit bout, par petite touche, mais il y a trente ans, ça ne se faisait pas ! Aujourd'hui, tout le monde est tiré, mais à l'époque c'était indicible. En France, en tout cas ! Aux États-Unis, ils étaient déjà plus décomplexés... La femme du président Gerald Ford avait fait une grande fête à Washington pour son nouveau visage ! Chez nous, il fallait balayer ça sous le tapis.

Et la drogue ?

Je me suis droguée, mais c'était médicamenteux. Les drogues médicamenteuses sont les plus efficaces, ça surexcite le cerveau, tu es en vitesse accélérée ! Quand je travaillais, il fallait que je sois en forme, tu comprends. Je prenais le métro tous les matins très tôt, et j'étais couchée très tard. J'ai pris d'abord de la Corydrane (un mélange d'aspirine et de 144 milligrammes d'amphétamine), Sartre a écrit tous ces livres à la Corydrane. Puis j'ai vécu l'époque du Maxiton (amphétamine), presque mieux ! Et ensuite du Ténuate Dospan qui, en plus, coupait l'appétit. Je me couchais avec les femmes du monde et me levais avec les femmes de ménage, j'étais crevée, il fallait bien que je prenne des excitants !

Tout ça s'achetait chez le pharmacien ou sur ordonnances, avec la complicité d'un médecin, mais la « vraie » drogue, illégale ?

Ma seule expérience, c'était à New York. Je devais une fois de plus accompagner Revel dans ses bagages et, avant de partir, je vais trouver Claude Julien, patron du service étranger du *Monde* – avant Jacques Almaric – pour lui demander s'il voyait un sujet pour moi là-bas. Il sort de sa poubelle une dépêche AFP sur des femmes qui ont brûlé leurs soutiens-gorge ! J'arrive à New York, je remonte toute l'histoire et j'en suis revenue avec le premier article en France sur le MLF, le Woman's Lib... Nous étions descendus au Waldorf Astoria à New York. Revel, en dehors de ses rendez-vous professionnels, restait enfermé avec les journaux et la télé américaine. Pendant que, moi – je ne sais plus comment –, je rencontre, lors de mon enquête, une très jolie femme, maîtresse de Jimi Hendrix, ainsi que sa meilleure amie, qui m'ont adoptée et m'ont emmenée partout. Elles habitaient le Village, toujours vêtues de robes fleuries, et m'ont fait rencontrer tout le monde. Un soir, elles m'ont embarquée dans une soirée Timothy Leary.

Il faut peut-être que tu me rappelles qui était Timothy Leary, nos lecteurs ne vont pas aller sur Wikipédia toutes les cinq minutes !

C'était un psychologue américain qui militait pour l'utilisation scientifique des drogues. Il a écrit plein de bouquins là-dessus. C'était le plus célèbre partisan des bienfaits du LSD. Plus tard, il a même fait de la prison à cause de ça ! Et cette nuit – il était là, en personne, devant moi ! Le chantre des drogues... Bon, on nous présente et, forcément, il s'intéresse à moi, la petite Française, et commence à vouloir essayer des drogues sur moi ; il me fait respirer de la cocaïne, fumer de l'herbe... Je lui disais que ça n'aurait aucun effet sur moi ! Pendant que mes petites copines ravissantes, des « enfants fleurs », fumaient des joints, il me dit : « Il y a un truc qu'il faut essayer, c'est le LSD... » Je lui réponds : « Je ne peux pas, je suis avec mon mari, si je pars dans un trip, ça peut durer vingt-quatre heures et je vais revenir à l'hôtel, devant lui, dans quel état ? »

Comme il voulait arriver à ses fins, il a fini par me dire : « D'accord, je vais vous en donner et vous l'essayez avec votre mari à l'hôtel ! » J'ai ramené du LSD au Waldorf ! Revel m'a regardée, hébété, avec ses yeux bleus dans sa grosse figure : « Tu es folle ! – Mais on est obligés d'essayer ! » Alors on a ramené le LSD en France puis on l'a caché dans un placard de la maison et on s'est demandé comment on allait faire, avec les enfants... Du coup, on a déménagé le LSD jusqu'à Clairis, dans notre maison près de Paris, histoire d'essayer là-bas... Mais là, on s'est dit, si on fait un mauvais trip, on n'arrivera jamais à rentrer à Paris... Finalement on l'a perdu et il doit y avoir quelque part, dans cette maison, une dose de LSD qui traîne ! Qu'est-ce que je regrette !

C'est pour ça que tu retournes souvent dans ta maison de Clairis ; tu cherches encore... Et tes enfants ? Tu les as surveillés ou avertis à propos de la drogue ?

J'ai eu beaucoup de chance ! Mon fils aîné, Laurent, est infirmier et quand j'ai eu un moment peur pour un autre de mes enfants, il a tout pris en main, il m'a dit : « Fais-moi confiance, je vais passer à la maison ! » Il a regardé les bras de son frère et... rien du tout !

J'avais demandé à ma mère quel serait celui de mes enfants qui s'occuperait de moi quand je serais vieille, elle m'a tout de suite répondu Laurent et c'est vrai... Il m'emmène à l'hôpital quand j'ai besoin d'un examen, il prend soin de moi, il est génial et j'admire beaucoup ce qu'il fait !

En fait, mon inquiétude pour les enfants, ce n'était pas la drogue, c'était les accidents de voiture. Martin a eu deux ou trois accidents de moto, sa jambe était une quincaillerie ! Et Laurent a eu lui aussi un accident alors qu'il venait d'avoir son permis ; il a bousillé la voiture de son père mais, lui, il n'a rien eu.

Tu as beaucoup conduit, toi-même ?

J'ai eu mon permis comme une fleur. De mon temps, c'était assez facile. J'ai d'abord loué des voitures, pour des festivals en Grèce, en Italie, des décapotables, le coude à la portière... Christine de Rivoyre, mon chef de bureau, avait, elle, une petite 4 CV et je trouvais que c'était le comble du chic. Christophe Tzara m'a dit un jour : « Viens, je voudrais que tu regardes par la fenêtre, tu as vu la petite 4 CV noire ? elle est à toi ! » Christophe a été un seigneur ! Pour ce qui est de ma conduite, ça allait encore sur les routes, pour aller à Chérence, dans la maison de mes parents, mais à Paris c'était l'enfer ! C'était encore l'époque des zones bleues, des petits disques, tu avais droit à une heure et demie de stationnement et, évidemment, je n'y pensais jamais ! Ça me coûtait une fortune !... Pour aller de l'île Saint-Louis où j'habite jusqu'au journal, rue des Italiens, je prenais toujours le même chemin, un itinéraire qui passait par le pont de l'Alma, et c'était impossible pour moi d'en changer !

Une fois, Isabelle Mergault m'a emmenée dans sa voiture, mais je ne savais pas ce qu'était un GPS. J'ai été surprise, la bonne femme dans l'appareil lui disait de tourner à gauche et Isabelle continuait tout droit, la voix lui disait encore et encore de tourner à gauche... Je ne comprenais pas et je lui ai dit : « Mais Isabelle, arrête ! Tu ne vois pas qu'elle t'engueule ! » Ça reste un mystère pour moi, c'est comme la messagerie du téléphone...

Oui, je me souviens qu'on avait fait venir pour toi, sur le plateau de l'émission, la femme qui prête sa voix à la messagerie de ton opérateur de téléphonie mobile !

Oh oui, ça m'a fait tout drôle de la voir en vrai ! Mais je n'ai toujours pas compris comment ça pouvait marcher. Tu comprends, elle a mes messages, et même si elle m'en bouffe les trois quarts, comment peut-elle faire ça pour toute la France, et aussi pour l'étranger... la même dame !

Elle nous avait expliqué que c'était également elle qui faisait les annonces pour les trains, dans les gares...

Non, mais attends, c'est incroyable ! Je peux comprendre pour l'horloge parlante qu'on fasse dire à quelqu'un « minuit un, minuit deux... », mais pour le téléphone, elle dit ce qu'il y a dans le message !

Mais non ! Tu entends les gens te dire eux-mêmes leur propre message.

Ah oui, c'est vrai...

Donc c'est pareil pour sa voix à elle, tout est enregistré à l'avance : « Vous avez, un, deux, trois messages... »

Et c'est elle qui fait tout ça ! Tu sais que sur ma messagerie j'avais laissé un message d'accueil si pathétique, si tremblant, qu'en sortant de l'émission de télé avec cette jeune femme, c'est ton collaborateur et meilleur ami, Charles, à qui j'ai dit « fais quelques chose pour moi » et maintenant, c'est lui qui répond quand on m'appelle !

Enfin, ce n'est pas lui non plus qui décroche chaque fois, c'est sa voix enregistrée !

N'insiste pas, je ne comprendrai jamais !

En tout cas, pour revenir à la voiture, j'ai tellement poussé de voitures, tellement eu d'accrochages que Revel a fini par me retirer le permis. Tzara m'a acheté la voiture et Revel me l'a enlevée !

Revel, lui, a conduit longtemps, alors qu'il n'était pas très sobre...

Arrête ! Un jour, mon fils Nicolas et sa femme me disent qu'il doit arrêter de conduire. Je ne pouvais pas lui demander ça, c'était impossible. J'ai attendu des mois avant de lui en parler. Il faut dire que, personnellement, je n'avais jamais peur en voiture avec lui. Si on devait mourir, on mourrait tous les deux ensemble ! Il était toujours soûl quand on partait, on n'a jamais été contrôlé et le seul truc qui lui soit arrivé, c'est quand j'étais à l'hôpital pour mon cancer : il est rentré dans un camion. Après l'accident la première chose qu'il s'est dit, c'est : « Heureusement qu'elle n'était pas là. » Tu te rends compte comme c'est mignon !...

Tu te souviens, la première personne au monde à qui j'ai dit que j'avais un cancer, c'est toi ! Quelle histoire, ça encore !

Tu t'en es bien sortie...

Je m'en suis bien sortie, mais j'ai quand même eu quatre opérations ! Trois pour enlever un sein et une pour le reconstruire. Tu verrais ça, c'est une horreur ! Un moignon ! J'étais vieille déjà, mais ça m'a fait un coup ! C'était il y a combien de temps, chéridoux ?

Il y a 10 ans.

J'avais 72 ans, déjà, mais je l'ai quand même vécu comme une catastrophe.

Et ton cancer de la peau ?

Je l'ai encore. Je me suis beaucoup trop exposée au soleil. Il faudrait que j'aille me faire brûler tout ça... Mais je n'ai plus le courage. Le soleil m'est interdit mais ça ne me manque plus du tout. Quand tu loues une maison et que tu m'invites, j'ai toujours des chapeaux et une place à l'ombre.

De tous les pays où tu as voyagé, quel est celui qui t'a le plus séduite ?

Bali. On y est allé souvent avec Hans... Revel, je l'accompagnais à New York, au Pérou ; il avait une énorme réputation auprès de certains chefs d'État d'Amérique latine, il était très souvent invité là-bas et il m'y emmenait ! Moi, je me balladais pendant que lui restait dans sa chambre d'hôtel à lire les journaux, en anglais, en espagnol ou en allemand... De même, quand nous sommes allés au Népal, pour que Revel écrive *Le Moine et le Philosophe*, son livre à quatre mains avec son fils (Matthieu Ricard), Matthieu nous avait réservé une chambre d'hôtel pas très loin de son monastère, dans un lieu absolument paradisiaque. Je louais pour me promener les services d'un garçon du village d'à côté. De 10 heures du matin jusqu'à la nuit tombée, je partais avec lui et je revenais dîner avec Revel et son fils. Je leur racontais mes promenades et Matthieu était furieux quand je racontais que je voyais des femmes enceintes avec des bébés sur le dos, accroupies, en train de laver leurs marmites, ou portant des baluchons énormes de branches ; il me disait : « C'est quand même mieux que d'aller au bureau en métro tous les jours ! » et moi, je répondais : « Non, moi je préfère aller au bureau ! »

Et au milieu de cette misère épouvantable, se promènent les moines bouddhistes qui, eux, ont des bras comme mes cuisses ! Chaque fois que l'on va dans un temple, Matthieu fait tourner les moulins à prières, il est vraiment fervent... Ils sont quand même terriblement sexistes, ces bouddhistes ! J'avais aussi une copine qui s'était installée là-bas, elle s'appelait Marylin – maintenant, elle est morte, la pauvre amour –, elle était grand reporter photographe à *Life Magazine* et elle leur a tout donné : un appartement à Londres, un autre à New York, elle a tout vendu, tout versé au bouddhisme... Elle avait été affectée dans un monastère à vider les pots de chambre de la femme du Rimpotché. Oui, parce que lui, il a le droit de se marier, de faire des gosses, de manger de la viande, pendant que les autres font vœu de chasteté et ne bouffent que des légumes ! Je n'ai pas de préjugés, ni pour ni contre, mais ça ressemble quand même plus à une religion qu'à une philosophie.

DERNIÈRE PARTIE

UN BILAN GLOBALEMENT POSITIF

Je me souviens d'une fois où nous étions allés au restaurant avec toi, Revel et Jean-Pierre Coffe, manger des ortolans clandestinement. C'était peu de temps après la sortie du bouquin de Georges-Marc Benamou sur Mitterrand... Revel avait mis sa serviette autour du cou et on peut dire qu'il avait pas mal bu.

Tu veux dire qu'il était ivre mort !

Pour partir, il fallait qu'il retraverse toute la salle et tu nous as dit : « Il est hors de question que je traverse le restaurant avec lui »...

Attends, tu ne peux pas savoir ce que c'est ! Déjà, quand je l'ai rencontré, tout le monde savait qu'il buvait, et quand il m'a fait sa déclaration, je te rappelle qu'il était ivre mort. Mais ça ne me dérangeait pas, il me plaisait intellectuellement et même physiquement. Alors, je m'étais dit : d'accord, il boit, mais avec moi, il boira moins...

Et en fait, c'est lui qui t'a fait boire plus !

Après le premier week-end où il est allé demander ma main à Madrid, nous sommes partis à Londres. On descendait au Brown's Hotel et il passait sa journée au bar ! Il prenait – me disait-il – du sirop de citron avec de l'eau pétillante... mais c'était du gin ! Je ne saisissais pas vraiment ; d'ailleurs il était charmant, délicieux quand il était un peu soûl... Au début, ça ne me gênait pas, mais ça a fini par peser. Trois fois, pendant qu'on était ensemble, on m'a appelée pour venir le chercher au commissariat ; il s'était fait ramasser dans la rue. Forcément, je commençais à le chiner. Ma mère me disait : « Arrête avec ça, ça ne sert à rien et vous ne faites que vous engueuler ! » On avait deux sujets de dispute : le fait qu'il buvait et le fait qu'il engueule mes deux premiers gamins comme s'il était leur père – ce en quoi, il avait mille fois raisons. Après nos engueulades, il foutait le camp. Il me laissait seule avec les trois enfants, il allait à l'hôtel et réapparaissait deux ou trois jours après.

Et donc ta réaction, le soir du dîner avec Coffe...

Ah, oui, j'avais oublié ! Tu comprends, ce soir-là, je sortais avec toi et Coffe, c'était grâce à moi que Revel était là, c'est lui qui m'accompagnait et pas le contraire ! J'étais bien avec vous et il me fout en l'air ma soirée ! Encore une ! Tu ne peux pas savoir le nombre de fois que c'est arrivé ! On sortait beaucoup, et s'il avait trop bu au déjeuner, à 19 heures, il me disait : « Appelle-les. Moi, je me couche. » Ça me rendait furieuse, j'aimais sortir, m'habiller, j'en avais gros sur la patate...

Je pensais qu'il aurait une attaque, qu'il finirait en fauteuil roulant ; c'était devenu une véritable obsession, ce fauteuil roulant ! Ma première éditrice était Françoise Verny, ivre morte dès 18 heures, et elle, elle a eu une attaque. Horrible !... Chaque fois qu'il buvait, je lui disais : « Et ne compte pas sur moi pour te pousser dans un fauteuil ! » Ça n'est pas arrivé...

Je me souviens que ce soir-là, tu avais dit – et ça m'avait beaucoup choqué : « De toutes les façons, s'il lui arrivait quelque chose, je ne serais pas capable d'être avec un handicapé, c'est hors de question, je divorcerais ! » Pourtant, tu ne l'as peut-être pas raccompagné dans ce restaurant, mais tu l'as accompagné jusqu'au bout...

Bien sûr ! En fait, la question ne s'est même pas posée. Si tu savais, quand il a eu sa cirrhose du foie... Un de ses copains du Club des Cent, un médecin qui le suivait pour la peau, l'a dirigé vers une jeune femme qui était selon lui la meilleure. C'était à l'hôpital Beaujon de Clichy. On y allait toutes les trois semaines et un jour, elle lui a dit : « Écoutez, mon cher maître, si vous buvez encore une goutte de vin, vous serez mort dans six mois. » On a pris un taxi pour rentrer, et arrivé en bas de la maison, il m'a dit : « Attends, tu ne vas pas remonter comme ça, faut qu'on célèbre ! » Il a poussé la porte de notre brasserie habituelle : « Allez, Bernard, une bouteille de champagne ! » Et on a fêté ça ! Voilà comment tout a commencé pour moi, il y avait toujours une bouteille de vin rouge sur la table, dès 19 heures, et il se servait des rasades. Ça pesait tellement sur ma vie qu'un jour, je lui ai lancé : « Tu n'as pas honte de boire tout seul, tu pourrais m'en donner un verre »…, et je me suis dit : « Il a raison, c'est pas mal. » Quand je n'ai rien avalé depuis la veille, c'est comme si je me faisais une piqûre. Encore aujourd'hui et même quand je suis seule…

Tu souffres de ce qu'on appelle l'alcoolisme mondain ?

Ah, pas du tout ! Moi, c'est l'alcoolisme Revel ! J'ai commencé au moins quinze ans avant sa mort. Avant je ne buvais que très peu, j'étais trop obsédée par mon poids. J'ai fumé toute ma vie, mais je n'ai bu que tardivement. J'y ai pris goût ! On buvait du champagne avant de passer à table : ça c'était moi qui le demandais, j'adorais ça ! Et aujourd'hui, combien de plaisir me reste-t-il dans la vie ? Je n'aime plus, on ne m'aime plus, je ne peux même plus m'habiller chez Saint Laurent ou Sonia Rykiel (j'adorais ça, faire les boutiques)… Maintenant, plus personne n'habille les vieilles dames, tout est transparent ! À l'âge de 77 ans, j'ai décidé de ne plus faire attention, et là j'ai pris quatre tailles !

Tu as longtemps été obsédée par ta ligne...

Je prenais toujours mon premier café en bas du journal avec le service Étranger du *Monde*, et je les accompagnais aussi pour le déjeuner. Mais je ne mangeais jamais, juste un café ; en revanche, je partageais toujours l'addition avec eux ! Un jour, dans le train, je lis un article sur la folie des clubs de gym. Dès mon retour, je me suis inscrite dans une salle, rue de Ponthieu. Fini les additions partagées ! Tous les midis, j'allais faire mon cours de gym tonique, j'aimais ça ! Douche très chaude puis glacée, c'était un véritable excitant qui me remettait en forme. Prête pour écrire mes bouquins ou mes articles. J'ai fait ça jusqu'à mes 77 ans ; à la fin, les profs de gym voyaient arriver avec inquiétude cet être branlant que j'étais devenue... Jusqu'au matin de mes 77 ans, en juillet, en Bretagne, quand je me suis dit : « À ton âge, tu n'es pas mince, tu es maigre, tes bonshommes s'en foutent éperdument, allez, tu lâches tout ! »

Par acquit de conscience, j'ai encore fait venir un coach à la maison, mais au bout d'un quart d'heure, je lui disais : « Mon petit garçon, je t'adore mais j'en ai marre, combien je te dois ? Et hop ! Fini ! » J'avais des collants, des jambières, un magnifique petit haut. À la fin, ça ne devenait plus très joli... Alors les dix dernières années, je mettais des « Sudètes », une combinaison totale dans laquelle tu transpires quand tu t'agites. J'avais des fesses très jolies, sauf que, quand tu maigris, elles deviennent plates !

J'ai vraiment eu longtemps la folie de la minceur. Après avoir eu les enfants, je suis allée chez un médecin, rue des Vignes – c'est lui qui a tué Madame Coty ! Il était de connivence avec un pharmacien, il te faisait une ordonnance et en 15 jours tu perdais 10 kilos ! C'était magique !

Tu m'avais dit que tu avais adhéré à l'Association pour le Droit de Mourir dans la Dignité ?

Bien sûr, j'en suis membre honoraire ! J'ai vécu toute ma vie avec une porte de sortie formidable : le suicide. Toute ma vie, j'ai eu cette idée en tête. Le jour où tu en as marre, tu t'en vas, il n'y a aucun problème. J'ai aimé, j'ai travaillé, j'ai élevé au mieux mes enfants, maintenant j'en ai marre, je m'en vais. Et je veux pouvoir le faire très simplement. Bien avant de mettre ton projet à exécution, il faut te procurer un stock de somnifères, tu t'achètes aussi, au goût, une bouteille de whisky ou de cognac, de l'alcool fort. Tu rentres chez toi, tu n'oublies pas de faire ta petite et ta grosse commission, tu avales tous tes cachets en buvant ton litre d'alcool. Ensuite, tu te mets un sac plastique sur la tête…

Quelle horreur !

Comment faire un stock aussi gros de somnifères ? C'est toujours ça qui m'a retenue. Il n'y a pas très longtemps, l'association a fait une fête et j'y suis allée. Benoîte Groult était là et surtout

Noëlle Châtelet, la sœur de Jospin, qui parlait de la mort de leur mère, Mireille, un modèle...

Il y avait aussi un garçon avec qui j'étais entrée en contact et qui m'avait donné toute une documentation. Je lui ai expliqué mes difficultés. Il m'a répondu de ne m'inquiéter de rien, que le jour voulu, l'association m'enverrait en Suisse. Mais je n'y crois pas ! Ils le feront dans le cas d'une maladie grave, pas juste pour une vieille dame de 82 ans qui en a marre ! Et je trouve ça scandaleux ! Tu ne demandes pas à naître, comment peut-on t'empêcher de mourir ! C'est pour ça que je milite et que j'en parle avec beaucoup de sérieux. D'ailleurs, cette idée du suicide m'a énormément aidée dans la vie pour affronter les moments difficiles.

À propos, tu es du genre à aller souvent dans les cimetières où reposent tes proches ?

Jamais.

Tu as peur qu'on ne te laisse pas ressortir ?

Arrête, ne me fais pas rire ! La seule chose dont je veux être sûre, c'est d'être enterrée avec Revel. J'ai fait graver son nom et ses dates sur la tombe, je voulais faire graver mon nom et ma date de naissance à côté, comme pour marquer mon territoire, mais les enfants ont poussé des cris : « Tout le monde pensera que tu es morte ! » Alors j'ai juste fait mettre mon nom. Je suis allée voir la tombe et les gravures, j'ai trouvé ça très bien, mais je n'y suis jamais retournée.

Même sur la tombe de ta mère ?

Ma mère avait toujours voulu reposer avec mon père à Chérence, dans le Vexin, où nous avons une maison de campagne. Elle avait fait des pieds et des mains pour qu'on refasse le mur du cimetière en belles pierres. Elle voulait une tombe dans laquelle ils seraient enterrés tous les deux, comme Vincent Van Gogh et Théo. Une tombe couverte de lierre. Elle aimait cet endroit.

Personne n'a voulu se faire incinérer dans la famille ?

Ne me parle pas de ça, quelle horreur ! On ne sait jamais, tu te rends compte si tu es encore vivant : tu brûles et tu as mal !

Je suis allée une fois à une crémation. C'était interminable ! On se serait cru à un cocktail mondain, le temps que le corps finisse de brûler : « Oh, c'est joli ce que tu portes ! où as-tu trouvé ça ? – Et toi, ma chérie, c'est le dernier modèle de sac Dior, ça, non ? »

On a enfin remis l'urne bouillante contenant les cendres du défunt à un de ses enfants qui l'a remise tout de suite à sa femme, qui l'a passée à quelqu'un d'autre... On se la refilait comme une patate chaude !

Au moins, avec l'inhumation, le temps que les vers arrivent, tu as eu le temps d'étouffer !

Justement, tes rapports avec la religion ?

Je ne sais pas et je m'en fous !... Je ne suis pas croyante, je ne suis pas athée non plus, je suis agnostique. Je suis toujours un peu agacée quand on me dit « je suis athée »... qu'est-ce que tu en sais, pauvre chéri ? Donc agnostique, c'est parfait !

Bon, j'ai quand même mes petites choses à moi... Je porte l'étoile de David même si je n'ai aucune raison de la porter, mais je le fais à cause des persécutions pendant la guerre.

J'ai aussi mon Dieu à moi, « Mon Vieux » comme je l'appelle, et je ne lui parle qu'en anglais en regardant le Ciel : « *Please, Sweet, My Lord*... Faites ceci, faites cela... ». Ça n'a jamais marché ! Sauf une fois : je vais aux sports d'hiver, avec Revel et Maman, et je fais du ski de fond, toute seule. Il faut savoir que j'implore mon Dieu toute l'année : « *Please, Sweet, My Lord* », je fais des petits marchés avec lui... Mais mon grand shopping avec « Mon Vieux », c'est le soir du 31 décembre. Je demande toujours trois ou quatre choses. Maintenant avec l'âge, je demande de moins en moins... Qu'est-ce que tu veux que je demande ? Et cette année-là, je suis donc sur mes skis, le jour de Noël, et je lui fais : « Écoute, tu ne m'en voudras pas, on n'est pas encore le 31, mais je vais déjà te les demander, mes quatre vœux. » Je reviens à l'hôtel, je rentre dans notre chambre, et là devine ce qui m'arrive ?

Tu me joues le suspense !

Je me coince le pouce dans la porte de ma chambre !

C'est tout ?

Oui, mais c'est lui, c'est « le Vieux » ! Pour me punir d'avoir fait mes quatre vœux trop tôt, il m'a coincé le pouce dans la porte !

Mais c'est n'importe quoi ce que tu me racontes !

Non, j'y crois dur comme fer ! C'est mon Dieu à moi, un peu juif, avec qui je discute et je passe des contrats. Il me fait des prix de gros !

Claude, tu m'as souvent dit : « Ce qui est moche quand on vieillit, c'est qu'on oublie », qu'on oublie quoi ?

Tout ! Ça commence – moi, c'était vers la cin-quantaine – par l'objet qu'on est venu chercher dans la cuisine et dont on ne se souvient que si l'on retourne à la salle à manger. Puis on oublie les noms, les prénoms, les physionomies... Ronald Reagan disait, avant d'en être atteint lui-même, « ce qui est merveilleux avec l'Alzheimer, c'est qu'on découvre de nouveaux visages tous les jours » !

En fait, c'est affreux. Présenter quelqu'un qu'on est censé connaître, et dont on ne sait pas au monde qui ça peut bien être, à quelqu'un qui te paraît familier mais que tu n'arrives pas à situer, ça relève de la haute voltige ! Tu es là, pris de vertige, entre deux malheureux qui attendent, sourire plein d'expectative aux lèvres, de se tendre la main et... rien. Le noir. Le vide.

C'est sûrement pour ça que tu appelles tout le monde « mon chéri », pour être sûre de ne pas te tromper ! Ou même « ma petite fille » ou « mon petit garçon »... encore que là, il y a un risque que tu te trompes quand même ! Mais tu crois vraiment que tu souffres d'un début d'Alzheimer ?

J'ai souvent eu un doute qui tournait parfois à la certitude ! Ça m'a taraudée jusqu'au jour où j'ai pris la décision de ne pas faire le test tant qu'on n'aura pas trouvé de remède à cette saloperie de maladie. À quoi ça sert d'en avoir le cœur net et le moral en compote, si on ne peut pas te soigner !!? Après tout, pourquoi désespérer à l'avance mes proches et mes enfants ? Ils le sauront bien assez tôt.

Un nom qui ne me revient pas tout de suite, ça m'arrive souvent à moi aussi, surtout quand c'est quelqu'un qui ne me revient pas non plus !

Oui, mais un beau jour, ce ne sont plus les noms mais les mots qui te manquent aussi : « Comment dit-on déjà... Tu sais quand on sort quelqu'un de sa tombe... Montand, tu te souviens ?... Exhumer ? Oui, c'est ça ! » Moi, ça m'arrive de plus en plus souvent. Et comme je vis seule à présent, je n'ai personne à portée de main qui puisse me souffler la bonne réponse ; alors, je regarde le Robert, mon fidèle compagnon... Sauf qu'une fois que je l'ai ouvert, je ne sais plus ce que je cherche et je suis comme une poule ayant trouvé un bouton !

Et essayer de paraître plus jeune, tu as arrêté ?

Ah, oui ! Sauf question lunettes et talons, j'essaye encore, je l'avoue ! Je tente de retarder le moment catastrophique où je serai bien obligée de porter les premières et de renoncer aux seconds ! Alors, je triche. Comme je n'y arrive plus toute seule, je demande à Nadine, une charmante opticienne de mon quartier, de changer mes verres de contact tous les quinze jours. Et le soir, je me juche sur des petits talons. Au lieu de sept centimètres, cette année pour la première fois, je suis tombée – c'est le mot qui convient – à trois centimètres et ça m'en coûte, crois-moi !

Mais tu restes très coquette : je t'entends dire au moins deux fois par semaine que tu vas chez le coiffeur !

Oui, chez Dessange, où je me rends tous les trois jours depuis près d'un demi-siècle ! C'est un tel spectacle : rien que le fait d'en voir certaines avec leurs mains tavelées, ornées de faux ongles en forme de griffes rouge sang ! Elles ont parfois du mal à marcher parce qu'elles sont juchées trop haut et qu'elles ne voient plus rien derrière leurs longs cils de poupée dégoulinant de rimmel et leurs longs cheveux bouclés jusqu'aux épaules. Comment se fait-il que leur reflet dans une des glaces de l'établissement ne les ramène pas à la raison ?

Moi, de ce côté-là, j'ai eu beaucoup de chance. Quand on ne m'a plus remarquée pour mon physique, j'ai commencé, autour de la soixantaine, à attirer l'attention grâce au succès de mes articles et de mes prestations à la radio ou à la télé. Les lettres d'amoureux ont été remplacées par celles de mes admirateurs. D'accord, ce n'est pas pareil, mais ce n'est pas mal non plus ! Ça aide à franchir le pas ! En même temps, pendant les huit ans que j'ai passés à la télé avec toi, le plus de courriers que j'ai reçus, c'est : « Quelle est la marque de votre colle pour les dents ? »

Je reviens à tes enfants ; ils t'ont quand même apporté du bonheur ?

Du bonheur, non – le bonheur, pour moi, ça n'existe pas – ; des petits moments de bonheur, oui ! Ils redéfilent dans ma mémoire parfois... Je me vois au volant de ma 4 CV, au retour de l'hôpital, enfin rassurée ; j'avais emmené mon aîné, à peine âgé de dix-huit mois, qui pour la première fois avait mordu et croqué son verre de lait...

Je me souviens surtout d'un dimanche en début d'après-midi, mes trois gamins regardant, assis par terre, un dessin animé. J'allais devoir les planter là, le cœur gros, pour aller voir *Don Quichotte*, une comédie musicale avec Jacques Brel en matinée. Il faut que je te raconte que l'ensemble des critiques l'ayant assassinée au lendemain de la générale, mes chefs m'avaient demandé de participer à la curée. Et je me suis retrouvée à l'orchestre, furieuse d'avoir été arrachée à mes petits, pour rendre compte de cette ânerie ! Et puis, sans même en prendre conscience, entièrement captivée par le spectacle, je me suis vue en train de farfouiller dans mon sac à la recherche d'un Kleenex pour sécher mes larmes, des larmes d'émotion qui me dégoulinaient jusqu'au menton.

Quand le lendemain, j'ai soumis un papier très louangeur à mon rédac chef, il a été scandalisé : « Ne me dis pas que tu es la seule à avoir aimé !

— Aimer, pas aimer, peu importe, je raconte ce que j'ai ressenti. Pleurer c'est comme éternuer, ça ne se commande pas ! Sauf sur un plateau de cinéma, grâce au menthol ou à la glycérine ! » Mon chef a tiré le nez, mais l'article est passé et, grâce au bouche à oreille, le spectacle a cartonné.

Quand même, tu n'as pas vraiment été une maman modèle...

C'est vrai ! Je me souviens qu'à sept ou huit mois, le petit dernier, celui de Revel, gigotait tellement qu'il a dégringolé de la planche où j'étais en train de le langer. J'ai eu juste le temps de le ramasser quand, affolé par ses hurlements, Revel a déboulé, hors de lui, dans la nursery : « Qu'est-ce que tu lui as encore fait ? – Moi ? Rien ! Tu me prends pour qui, pour la chienne de Buchenwald ? » Je n'en ai pas dormi de la nuit, mais j'en ai été quitte pour la peur... Avant ça, j'en avais laissé un autre se brûler grièvement la main en jouant avec les robinets de la baignoire, où je l'avais laissé pour courir répondre à la sonnerie de la porte d'entrée...

Et tes petits-enfants, tu en es proche ?

Plus ça va, moins j'ose les prendre dans mes bras, pour ceux qui sont encore en bas âge... S'il arrivait quelque chose, leurs parents ne me le pardonneraient jamais et j'aime trop leurs parents pour risquer de me brouiller avec eux ! Mes petits-enfants, je les aime aussi, bien sûr, mais pas de la même façon, charnelle, animale...

Mes enfants, j'aurais été capable de leur lécher le derrière pour les nettoyer !

Là, non, impensable ! Je n'arrive pas non plus à leur faire des réprimandes. Il existe une infranchissable barrière entre eux et moi : leurs parents ! Et c'est tout bénef ! Ça permet d'en profiter sans en avoir la responsabilité !

Tu n'as pas que des petits-enfants en bas âge, il y en a des plus grands, quand même... Ou alors tu essaies de te rajeunir...

Non bien sûr. J'en ai de tous les âges, maintenant. Ça va de 3 à 20 ans. Ils m'appellent Babou.

Et tu as souvent joué les « Babouchka » ?

La vérité ? Pas souvent ! Tant que Revel était là, personne n'aurait osé lui imposer la présence turbulente de gamins qui l'auraient empêché de lire ou d'écrire. Et maintenant qu'il est parti, je suis devenue trop fragile et trop chenue pour profiter plus souvent qu'à mon tour du plaisir d'être grand-mère.

Et l'argent ? Tu n'as jamais eu honte d'avoir de l'argent ?

Tu te rends compte du confort et de la liberté que ça représente. Mais toi aussi, tu le sais, maintenant ! Encore faut-il ne pas en avoir honte, ne pas essayer de le cacher, de le balayer sous le tapis comme le font tant d'intellectuels de gauche... Ce n'est pas ton cas.

Je suis de gauche, mais je ne suis pas un intellectuel !

Ce n'est pas ce que je voulais dire ! Quand je vois des femmes politiques, des vedettes du show-biz ou de la télé débarquer sur mon écran pour tenter de me faire croire, sans ciller, qu'elles poussent leur caddy tous les samedis au supermarché et qu'elles vont chercher elles-mêmes leurs gosses à l'école, la main me démange ! Moi, ça m'exaspère !

J'ai toujours été fière d'avoir les moyens de payer le salaire, la sécurité sociale et la retraite de mes employés de maison. Et je n'ai jamais compris la stupeur de ma hiérarchie au journal quand, dans mes chroniques, j'évoquais mes rapports avec la personne qui partageait ma vie en s'occupant de mon intérieur pendant que je bossais à l'extérieur. C'était d'autant plus hypocrite que les épouses de mes confrères restaient rarement au foyer et qu'ils bénéficiaient presque tous d'une aide ménagère ou d'une nounou à domicile.

Pendant toutes nos conversations, tu fumes, tu fumes... Tu n'as jamais arrêté ? Quand je te vois cloper encore à 82 ans, ça ne m'incite pas à stopper !

Tu ne crois pas que tu exagères, là, mon petit garçon ! Je veux bien qu'il faille protéger les non-fumeurs, je veux bien que ce soit dangereux pour la santé, mais de là à obliger les vieux comme moi à aller cloper sur le trottoir sous la pluie et dans le froid au risque d'attraper la crève, d'en crever, oui – et alors là pour de bon – il y a tout de même une marge !

J'ai commencé à fumer à 15 ans. Je fume donc depuis bientôt soixante-sept ans et il m'est fermement déconseillé par la faculté d'arrêter. Pourquoi ? Parce que, là maintenant, j'en ai plus de 80, et que mon cancer, si tant est que j'en aie un, je l'incube depuis au moins vingt ans !

Mais pour les autres, le principe de précaution ?

Ne me parle pas de ça, ça m'exaspère, le principe de précaution ! C'est la porte grande ouverte au flicage généralisé et à l'atteinte aux libertés. Un jour, on interdira le café noir aussi ! On sera peut-être obligé d'aller le boire sur le balcon ! Pourquoi on ne peut pas laisser le choix aux patrons de bistros, de restaurants, de discothèques, et à leurs clients d'y aller ou pas ? Des coins fumeurs, aujourd'hui, il y en a même dans les hôpitaux ! Le plus souvent sur les paliers des escaliers de secours ! Je le sais, pour être allée beaucoup à l'hôpital quand j'ai eu un cancer. Pas du poumon, moi, du sein !

Tu marches encore pas mal, mais de temps en temps, tu as quand même besoin qu'on t'aide. Tu as déjà pensé à prendre une canne ?

Ah, non, je préférerais rester couchée ! Ce qu'on appelait avant un bâton de vieillesse, fait de chair et de sang, c'est tout de même mieux ! Un enfant ou un proche ! Je veux profiter le plus souvent, le plus longtemps possible de la tendresse, et aussi du sens du devoir, de ceux qui trouvent naturel de me rendre aujourd'hui un peu de ce que je leur ai donné autrefois.

Ce n'est pas toujours le cas, hélas...

Je sais bien. Mais, avec un peu de chance, ça peut s'obtenir si, au lieu de l'exiger comme un dû, on sollicite cet échange de bons procédés avec gentillesse et reconnaissance. Il vaut mieux se forcer à être Mamie Nova que se laisser aller à être Tatie Danielle, si on veut continuer à être entourée ! Quand j'étais jeune, quand l'océan m'arrivait aux genoux – c'est une merveilleuse expression russe que j'ai retenue de ma mère –, quand ma vie était remplie d'hommes, de travail et d'enfants, je dois reconnaître que j'étais beaucoup moins amène, généreuse et tolérante qu'aujourd'hui.

Tu t'étais préparée à la vieillesse ?

Et comment ! C'est comme la retraite, ça se prépare, ça se pense, ça se négocie. Il faut assurer ses arrières. Par exemple, je me suis rendu compte très vite que les défauts s'accentuaient avec l'âge. On devient plus exigeant, plus impatient et surtout plus grippe-sou qu'on ne l'était. Et alors là, devenir radin, plutôt mourir ! Il faut éviter ça en s'observant, en s'amendant, en prenant sur soi. C'est plus ou moins facile. C'est une question de caractère. Ou on l'a bon ou on l'a mauvais ou on n'en a pas ! Moi, je suis ce que les Allemands appellent un *Sonntagskind*, un enfant né un dimanche, plutôt gai, plutôt ensoleillé, plutôt chanceux, plutôt facile. Mais résistant ! Ça glisse, ça n'attache pas. Une poêle Tefal !

C'est vrai que tu as toujours l'air d'humeur égale ?

Ce qui se passe, c'est que plus on vieillit, moins on attend de la vie. Je me dis tous les jours : « Count your blessings », fais le compte de tous tes petits bonheurs et surtout ne commence pas à t'apitoyer sur toi-même. On a parfois trop tendance à le faire en pensant à tort qu'on mérite des égards particuliers et que c'est normal de pleurnicher quand la vie ne te réserve plus que du pain noir. Rien de tel pour faire fuir l'entourage.

Donc, vieillir n'est pas si difficile ?

Vieillir, c'est accepter de renoncer. Renoncer à montrer ses bras, ses genoux, son décolleté, pour nous les femmes. Renoncer à faire du ski alpin pour passer au ski de fond, puis pour une promenade aidée d'un bâton sur le chemin qui longe les pistes ! Renoncer à ouvrir la lourde porte de son immeuble d'une seule main, puis des deux, enfin d'un douloureux coup d'épaule. Bref, c'est renoncer à tout un tas de trucs impensables quand on est jeune, d'où notre obsession à rester jeune !

Tu pourrais retrouver un mari, même à 82 ans...

Merci bien, mais non merci ! J'ai déjà donné. Un mari, deux maris, un troisième qui m'aura duré quarante-quatre ans, ça va ! Quatre – sans compter les extras –, bonjour les dégâts ! Rien qu'à la pensée de raconter encore une fois à un inconnu mon enfance et tout ce qui a suivi jusqu'au bac, voire jusqu'au mariage de mes petits-enfants, je fatigue !

C'est ce que tu es en train de faire avec moi !

Alors là, si on se mariait tous les deux, t'imagines la une de *Voici* !

Je vais te faire une question façon Jacques Chancel ou genre Philippe Labro, attends, je prends un air grave et profond : « Et la mort, ça te fait peur ? »

La mort, à mon âge, on sait ce que c'est ! Je l'ai vue de près. J'ai assisté, dévastée, impuissante, à l'agonie, au dernier soupir de mes parents, de mes maris de mes amis... Ce dernier soupir avec la bouche ouverte, une bouche déformée, horrifiée, qu'il va falloir fermer... Les paupières, c'est rien, on les baisse d'un geste de la main, pour redonner au mort un visage humain. Mais la bouche, c'est terrible ! Remarque, mourir, même la gueule ouverte, je m'en fous ! Je ne serai plus là pour le voir.

Tu m'as dit que tu étais paresseuse quand tu étais enfant, aujourd'hui, tu peux, à nouveau, t'offrir le luxe de l'être...

Oui, depuis trois ans seulement ! Depuis que je suis seule, je m'y abandonne, je m'y vautre ! Comme un gros hippopotame dans sa vase ! Avec délectation ! Je te raconte ? Je me lève vers midi pour aller m'affaler sur le canapé du salon, je traîne, je prends un café, je regarde la presse, je vais me laver les dents, je reprends un café et les journaux, je traîne encore, je me douche, je m'habille et je ne me mets en branle qu'en début d'après-midi. S'il y a eu des appels téléphoniques entre-temps, inutile d'y répondre. C'est la pause déjeuner et j'ai Jacques qui répond pour moi : « Madame vous rappellera. »

Mais tu continues à écrire et à marcher !

Écrire, oui, j'adore ! Et encore, moins qu'avant. Regarde, la preuve : je te laisse faire ! C'est vrai que j'adorais marcher aussi, mais maintenant que c'est recommandé par mon médecin, je n'aime plus trop... J'aime la marche quand c'est « Si je veux, quand je veux ». Tu comprends, je ne me gendarme plus. Je m'écoute au contraire ! Je me chouchoute, je me dorlote. Je profite, comme les vieux qu'on voit au soleil sur le banc du village ou les vieilles qui papotent sur le pas de leur porte. Eux comme moi, on y a droit ! Droit au repos, au relâchement, à l'inutilité ! Ce n'est pas compliqué, quand j'entends, ça m'arrive très souvent : « Quatre-vingts ans ? C'est pas vieux, ça, voyons ! » Je me récrie : « Si, c'est vieux, très vieux ! C'est ce qu'on appelle le grand âge et je m'y plais. Alors, qu'on n'essaye pas de me l'escamoter. Je tiens à le vivre pleinement. »

Aujourd'hui, tu n'es plus obsédée par l'idée de perdre du temps...

Non. Le temps, je le prends ! Je prends tout mon temps. Sans l'ombre d'un scrupule ! Sans le soupçon d'un remords et ça c'est génial ! Tu sais, j'ai trop connu ce sentiment de culpabilité, pendant toute ma vie de mère de famille... Courir après le temps. Avoir oublié d'appeler Nina, la nounou des enfants, toutes les deux heures, pour savoir si les petits n'étaient pas cassés, affamés ou calcinés ! Brûler un feu rouge pour arriver à temps pour un bain ou un biberon... Abandonner mon premier, qui avait six mois, seul dans son berceau, pour aller voir un spectacle au Châtelet, à deux pas de chez moi, et, prise de panique, prendre la fuite à l'entracte, rentrer dare-dare et le retrouver tel que je l'avais laissé, couché sur le ventre avec son gros derrière plein de couches en tissu !

Tu ne prenais pas une baby-sitter ?

C'était en 1958, on ne prenait pas de baby-sitter, ce n'était pas très répandu. Résultat, je m'en suis toujours passée, puisque après je confiais au plus grand des trois, quand je sortais, le soin de veiller sur ses petits frères.

De toute façon, un accident, pire une catastrophe, est toujours possible, même en présence d'une jeune fille qu'on a engagée pour l'occasion. J'ai un collègue au journal qui a découvert son nourrisson mort dans le berceau où la baby-sitter l'avait recouché à la hâte après l'avoir laissé tomber sur la tête...

Donc, aujourd'hui, on peut dire que tu profites...

Pendant que tu vas retranscrire ces lignes, moi je serai sur la terrasse de ma maison en Bretagne pour regarder la vue, suivre des yeux un voilier qui traverse la baie ensoleillée ou un écureuil escaladant le tronc d'un châtaignier. Maintenant, j'aime rêvasser, me souvenir, bref profiter comme jamais encore de chaque instant qui me reste à vivre. Plus rien ne me presse, rien ne me bouscule !

Veinarde !

Je me félicite de chaque jour qui passe, et qui, avec le temps, passe de plus en plus vite ! Je voudrais retenir chaque heure, chaque minute dans ma mémoire percée ! À Paris, c'est pareil, quand je rentre chez moi, au lieu de foncer à la cuisine pour avoir des nouvelles de la maisonnée, je m'arrête sur le pas de la porte et je savoure longuement la vue – la même depuis plus d'un demi-siècle – derrière mes portes-fenêtres.

Il t'arrive encore de penser à l'amour ?

Assez souvent, oui ! Des pensées vagabondes, fugitives, qui relèvent du souvenir ou de l'imagination ! Si je me retourne sur un couple que je viens de croiser, il suffit que mes yeux se fixent sur le derrière rebondi de la fille pour que je la voie à poil, pénétrée en levrette par son jules !

Je ne te crois pas !

Si, l'espace d'un instant. C'est comme un flash ! Pas un tableau vivant, juste une image qui me traverse l'esprit. Ce n'est pas désagréable ! Je ne suis pas une obsédée pour autant ! Rien à voir avec le cinéma qu'on se fait quand on est en manque ou en pleine boulimie sexuelle. Ça a pu m'arriver, il y a longtemps... Aujourd'hui, ça ne m'excite ni ne me déprime. Simplement, ça m'effleure, voilà tout.

Ça me surprend quand même...

Mais je suis la première surprise ! Si on m'avait dit ça, il y a seulement quinze ans, je serais tombée les bras en croix, horrifiée ! Je te comprends, c'est difficile d'imaginer qu'un très vieux monsieur ou une très vieille dame puisse encore ressentir, pas des désirs – ce serait bien trop fort –, mais des effluves d'un passé marqué, je dois le reconnaître, par une tendance prononcée à donner et à recevoir du plaisir.

Ça me gêne d'entendre tout ça...

Ah, tu vois ! Je peux en tout cas te dire que, dans ce domaine comme dans celui du journalisme, je voulais être sinon la meilleure, du moins passer pour être « bonne », comme les jeunes disent aujourd'hui en parlant d'un bon coup ! Mais attention, c'est toujours la passion qui m'a entraînée.

Tu as aussi eu quelques aventures sans lendemain...

Uniquement, dans l'espoir d'une liaison ! Mais il suffit d'une première fois pour savoir que ce sera la dernière ! C'est une question de chimie, de goût, de talent aussi parfois ! Certains bruits, certains mots, certains gestes mal venus étaient rédhibitoires pour une amoureuse de l'amour comme moi ! Dans ces cas-là, inutile d'insister, jamais l'autre ne sera à la hauteur, jamais il ne se transformera en virtuose ! Il faut savoir accorder au plus juste les deux instruments, être deux amants à la recherche d'un plaisir à peine atteint que déjà dépassé.

C'est fou ! Tu parles de l'amour sexuel, comme d'une science...

Mais c'est une science ! Le problème, c'est qu'à peine un couple a trouvé le chemin le plus satisfaisant et le plus efficace pour arriver au comble de la volupté, il se contente de le reprendre d'instinct, sans se donner la peine d'aller chercher plus loin ! Et c'est comme ça qu'on tombe dans la routine ! Une routine qu'on sera tenté d'abandonner ou d'espacer au bout d'un certain temps pour se lancer dans une nouvelle aventure. J'adore ce mot-là ! Une liaison, c'est très exactement ça : une aventure ! Galante et sentimentale.

Et toi, tu devinais la fin au bout de combien de temps ?

Ça dépend. Si on a la chance – c'en est une – de ne pas vivre ensemble, de ne se retrouver que tous les quinze jours, trois semaines sans compter les vacances, ça peut prendre des années... Plus de trente avec Hans ! Mais c'était un surdoué. Je te l'ai dit, une nuit d'amour, lui, il y pensait toute la journée

Tu as des regrets ?

J'en ai, bien sûr. Qui n'en a pas ? Pas très nombreux quand même. Et uniquement sur le plan professionnel. J'aurais aimé être actrice ! Pas de chance, je n'étais pas faite pour ! Journaliste, ça, oui. Pour moi qui suis accro à l'information, c'est le plus beau métier du monde, le plus intéressant, le plus varié. Il permet de suivre l'actualité au jour le jour, en surface, sans avoir le temps d'approfondir, d'analyser, sinon vite fait, à vue de nez. Et pour moi qui aime rester au ras des pâquerettes, c'était tout profit ! Mais j'ai un autre regret...

Dis-moi lequel ?

Pour mon livre *Mademoiselle, s'il vous plaît,* qui évoque la vie quotidienne dans un grand magasin, je me suis retrouvée vendeuse aux Galeries Lafayette pendant six mois, tout en travaillant au *Monde* et chez Bouvard. Vendeuse pour de vrai : horloge pointeuse (11 h-18 h 30), pause déjeuner, pause pipi, prime à l'anglais (avec badge), enfin tout le tintouin... Après le rez-de-chaussée (sacs, ceintures, bijoux, marques de parfum, stand Sonia Rykiel), je suis montée à la lingerie au premier. C'est là et au rayon chapeaux que j'en ai le plus appris ! L'art de la vente emprunte beaucoup à la psychologie. À la séduction aussi...

Réussir à vendre un objet insolite à une cliente improbable, tu ne peux pas imaginer la joie que ça procure !

Quand on est motivé, oui, j'imagine... Mais toi, tu n'étais que de passage !

Je te jure ! Quand une cliente, au bout d'un bon quart d'heure d'hésitation du genre « Oui, non, peut-être, après tout, je ne sais pas », cède enfin, c'est comme une proie qui tombait dans mes filets ! Je t'ai dit : un « OK, je le prends » c'est aussi jouissif qu'un partenaire particulièrement poussif et dur à la détente qui lâche enfin : « Ha... Ça y est, je viens ! »

La vente est donc une science, comme l'amour !

Mais oui, tu n'imagines pas ! Dans un grand magasin, il ne suffit pas de donner à la cliente un ticket de caisse en lui indiquant l'endroit où elle doit aller payer son achat ! Il faut l'accompagner, pour être sûre qu'elle ne se laissera pas distraire par un sac ou une montre aperçus à un autre stand ! Il faut vérifier qu'elle ne profitera pas de la queue devant la caisse pour revenir sur sa décision : « Flûte après tout, aucun besoin de ce chapeau à la con, allez, je me casse. »

Tu ne vas pas me dire que tu regrettes de ne pas avoir été vendeuse toute ta vie !

Je ne pouvais pas, étant donné les circonstances de ma naissance et de ma vie, mais, oui, je le regrette infiniment ! Je donnerais n'importe quoi pour revoir cette cliente qui avait une de mes besaces accrochée à l'épaule et qui passait en revue, l'air hyper concentré, toute sa garde-robe devant une glace à pied. On aurait dit Einstein en train de pondre $E=MC^2$! « Bon, alors, qu'est-ce que je fais ? Je la prends en noir ou en marron… En marron, ça irait mieux avec mon ensemble en tweed… Mais, bon, le noir ça va avec tout… Sauf que des sacs noirs, j'en ai déjà trois… »

Tu regrettes donc plus de ne pas avoir pu faire vendeuse que d'avoir renoncé à être actrice ? !

Absolument ! D'autant que jouer pour le cinéma, je l'ai fait aussi, il n'y a pas longtemps ! Pour le film de Catherine Breillat, *Une vieille maîtresse*, tiré du roman de Jules Barbey d'Aurevilly ! C'était pas moi, la vieille maîtresse ! Je jouais une

270

vieille marquise, la grand-mère du héros ! Elle voulait absolument que ce soit moi « une juvénile vieille dame aux yeux pétillants », elle m'avait dit ! Elle avait eu le flash en me voyant à la télé et elle m'avait vendu que ce serait d'Ormesson qui serait mon partenaire ! J'ai dit oui... Pas lui ! Seize jours de tournage ! Moi qui rêvais d'être comédienne, j'ai été sidérée des heures d'attente, des heures où je ne comprenais rien à ce qui se passait : pourquoi on coupait ? Pourquoi on recommençait, une fois, deux fois, dix fois... ? Je crois que je ne me suis jamais ennuyée autant ! Ça m'a enlevé tous mes regrets !

Quand tu l'as vu, tu t'es trouvée comment, dans le film ?

J'avais l'air d'une vieille guenon ! Tu comprends, comme on était en costumes d'époque début XIXe, j'avais une robe matelassée, un corset, une sous-chemise, une chemise, des couches et des couches de vêtements et comme unique maquillage, du plâtre ! J'étais tout le temps filmée dans le château, près d'une vraie cheminée et évidemment, près du feu, mon plâtre coulait toute la journée, j'étais plâtrée, replâtrée...

Le problème, c'est que chaque soir, à peine le tournage fini, je devais aller retrouver Revel au Kremlin-Bicêtre. Mon tournage s'arrêtait le mercredi ; il est mort le vendredi. Je n'avais le temps ni de me faire coiffer, ni rien... il fallait me voir avec mes lingettes dans la voiture de la production entre le château et l'hôpital... Mais Catherine

Breillat a été adorable avec moi, elle a regroupé mes derniers jours de tournage pour que je puisse être au chevet de Revel pendant ses derniers jours.

Elle m'a beaucoup touchée parce qu'elle avait déjà eu son problème de santé, elle a été d'un courage et d'une gaieté extraordinaires, tout le long... Elle m'a dit qu'on se ressemblait toutes les deux ! Je m'entendais bien avec elle. Et puis, le film a été sélectionné en compétition officielle à Cannes ! J'ai quand même fait la montée des marches en tant que comédienne ! À mon âge, le problème, ça a été de les monter ! Je voulais m'accrocher au jeune éphèbe qui avait le premier rôle masculin, mais tout seul il n'y arrivait pas, il n'avait pas le bras assez dur !

Allez, plus sérieusement, d'autres regrets ?

Ah, oui ! Je sais qu'on apprend à tout âge, mais moi, je n'arrive toujours pas, pas encore – je ne désespère pas – à aller seule au restaurant ! À midi, ça va, je ne déjeune pas. Mais le soir, « ça craint » comme on dit maintenant et c'est le mot qui convient ! J'ai peur non pas de m'ennuyer – il suffit d'un magazine ou d'un bouquin pour me tenir compagnie – j'ai peur du qu'en-dira-t-on.

Qui « on » ?

Les serveurs, les clients qui, en voyant une vieille dame dîner seule dans son coin, ne vont pas

272

manquer – c'est ce que je crois – de s'apitoyer. Si c'est pas malheureux, quand même, d'en être réduite à avoir *Paris Match* pour seul vis-à-vis !

Aujourd'hui, ça se fait d'aller seul au restaurant ; il n'y a rien de choquant !

Je sais, mais j'ai beau me gendarmer, sur ce point je n'arrive pas à évoluer ! Je ne peux pas m'empêcher d'y penser chaque fois qu'il me faut choisir entre une boîte de thon avalée debout devant l'évier ou un bar grillé à la brasserie du coin. Par beau temps, il m'arrive de m'installer en terrasse... M'installer, non, me glisser plutôt ! Sans me faire remarquer, derrière un guéridon ! Je commence par commander un verre de vin blanc, comme je l'ai fait toute ma vie au comptoir ou à la table d'un café... Et puis un deuxième verre, histoire de me donner du courage... Le courage de demander le menu ! Au moins, tu vois, comme une terrasse c'est un lieu de passage, j'ai l'impression d'y passer plus inaperçue ! Une salle de restaurant, au contraire, ça implique une démarche dont je ne suis pas encore capable !

C'est pareil à l'hôtel ?

Pour un week-end, pas de problème ! Je n'ai aucune honte à réserver une chambre pour une personne et à passer la journée à ma guise. À condition, on en revient toujours là, d'avoir des amis dans le coin avec qui passer la soirée. Cette fixette sur le dîner en solitaire, non seulement je la regrette, mais je ne me l'explique pas ! D'autant que, dans ma jeunesse, tout ce qui était interdit aux femmes par les conventions, je l'ai toujours fait sans l'ombre d'un scrupule, tu vois ? Fumer dans la rue, porter un pantalon – eh oui ! – aller seule au cinéma... De toutes les façons, moi, au cinéma, plus personne ne veut m'accompagner !

Pourquoi ça ?

Parce que je parle, je commente tout le film ! Je pousse des cris de frayeur à l'approche d'un danger qui menace l'héroïne ! Viens avec moi, si tu n'as pas honte d'entendre des « Pouvez pas vous taire, non ? » qui me sont destinés ! Mais, attention, je ne vais au cinéma que l'après-midi. Il ne me viendrait jamais à l'idée de m'aventurer toute seule à la séance de 20 heures. C'est qu'avant de se retrouver à l'abri des regards, il faut affronter ceux des gens qui font la queue à l'entrée. Mêmes préjugés, mêmes conséquences ! Ce gros handicap-là, je ne désespère pas de réussir à le vaincre. Mais il faut quand même que je me dépêche ! Ça ne me servira plus à rien quand je serai grabataire !

Dis-moi encore ce que ça fait de vivre toute seule désormais, alors que tu as toujours vécu en couple, et même, maintenant on le sait, à trois...

Ce n'était pas sous le même toit quand même ! Mais tu as raison, depuis mes 17 ans, je n'avais jamais vécu seule. Et avant, j'étais chez mes parents !... Je peux te dire qu'au début, ça fait bizarre. Ce n'est pas seulement « lui » qui te manque, c'est la moitié du couple que tu formais. Même s'il allait se coucher à 9 heures en me laissant seule devant la télé, je savais qu'il était là et ça changeait tout !

Tu as vraiment une hantise de la solitude à la nuit tombée...

Oui, c'est vrai, juste à l'heure du premier verre dans les pays anglo-saxons, une habitude que j'ai reprise à mon compte ! Et boire en solo, ce n'est pas très réconfortant ! J'ai beau avoir réussi à me faire un nom – voire un prénom –, avec mon veuvage, ma vie sociale s'est quand même ralentie ! Mais bon, je fais avec. Et puis la vie sociale que je menais avec Revel n'avait pas que des bons côtés...

Tu veux dire que tu souffrais parfois d'être « Madame Revel » après avoir été « la fille Sarraute » ?...

Il m'a quand même fallu des années et des années de dur labeur – oui, j'assume le mot – pour gravir les échelons du *Monde*, et je ne suis jamais allée dans un dîner en ville sans trouver à ma place un carton libellé « Madame Jean-François Revel » !

Tu te rends compte ! Je me souviens que lors d'un dîner, à l'époque où mon journal était ravagé par des guerres de succession qui passionnaient le Tout-Paris, mes deux voisins n'arrêtaient pas d'échanger par-dessus ma tête des infos erronées ou des tuyaux percés sur les chances des candidats en lice pour la direction du *Monde*. Ils ne s'adressaient pas à moi, puisque je n'étais que « Madame Revel », ils ignoraient que j'étais Claude Sarraute, journaliste au *Monde*. Je rongeais mon frein, le nez dans mon assiette, et puis, n'y tenant plus, je me suis présentée, histoire de leur rabattre le caquet !... Remarque, ça ne s'est pas tellement arrangé depuis que Revel n'est plus là : l'an dernier, dans un dîner-buffet, le maître de maison n'a pas hésité à m'introduire à ses hôtes en annonçant : « la veuve de Jean-François Revel » !

Dis donc, tu me parles beaucoup des soirées qu'il faut apprendre à occuper quand on est seul, mais il y a les week-ends aussi ?

Eh oui, tu as raison ! Dans mon cas, rien ne distingue le lundi du samedi. Mais bon, moi, j'ai un truc pour soulager ma solitude quand elle me pèse. Je me drogue ! Je me drogue d'infos ! Je souffre d'une véritable addiction à l'information. Je lis cinq quotidiens, tous les hebdos, j'écoute la radio à longueur de nuit et quand je rentre chez moi, la lumière, je ne l'allume qu'après la télé !

Je suis toujours branchée sur CNN ou LCI. Comparé à ce qui se passe au PS, au rôle de Carla auprès de son mari, au nouvel entraîneur de l'OM ou du PSG, aucun feuilleton ne résiste à mes yeux ! Quand je pense aux « housewives » américaines qui dévorent trois ou quatre feuilletons par jour, je trouve que ce n'est pas plus mal de pouvoir demander à mes proches ce qu'ils pensent de telle ou telle situation, ou de la solution avancée par le gouvernement pour résoudre un problème soulevé par l'actualité.

Tu as quand même d'autres joies que l'actualité et les journaux ?

Oui, j'ai une autre source d'intérêt, inépuisable et passionnante : c'est la conversation de mes voisins à la table d'à côté au café ou, encore mieux, par beau temps sur un banc public. Je n'en surprends que des bribes, ce qui agace et fouette mon imagination. C'est qui, ces gens-là ? C'est quoi, leurs rapports ? Elle est blonde, enfin pas jusqu'aux racines, mince limite maigre, assez bien foutue, des pattes d'oie, le menton qui fripe un peu. Il est brun, chauve, une barbe de trois jours, la chemise mal boutonnée sur son gros ventre. Elle fume. Pas lui. Elle lui parle en gardant ses distances. C'est une ex. Il essaye de la convaincre. Elle sourit. Pas lui. Il a la tête ailleurs. Il se penche, essaye de lui prendre la main.

Elle ne la retire pas tout de suite, l'observe, attrape son sac à la recherche d'un paquet de cigarettes. Il la regarde au fond des yeux en lui donnant du feu. Elle ne se dérobe pas. Elle tient encore à lui, c'est clair. Il demande l'addition, pressé brusquement, il se lève. Et là, j'entends : « Bon, alors,

Maman c'est d'accord pour mercredi ? David ne comprendrait pas que tu ne viennes pas. Vingt heures, OK ? Je compte sur toi. »

Tu t'aperçois que t'avais tout faux !

Aucune importance. C'est un jeu ! Et qui ne prête pas à conséquence si on arrive à ne pas fixer les gens d'un regard inquisiteur ! Autre passe-temps : se retourner sur le derrière des nanas qu'on croise en se promenant : trop bas, trop gros, parfait... Ou fixer la braguette des jeunes mecs qui déboulent devant moi : bijoux de famille enchâssés dans un jean bien serré !

Claude, tu remets ça ! Ce n'est plus de ton âge, quand même !

La preuve que si ! C'est une vieille habitude. Un reste de curiosité dont je ne vois pas la nécessité de me guérir. Ça ne fait plus de mal à personne et, moi, ça m'amuse ! Mieux, ça me rappelle, ça m'évoque plutôt tout un tas de bons souvenirs sans me donner de regrets. Alors pourquoi s'en priver ?

Si je te dis simplement : « Parce que ça ne se fait pas ! »

Ah, nous y voilà ! Tu ne peux pas savoir combien on m'aura bassinée avec ça pendant les soixante-dix premières années de ma vie. Arrête d'écouter (ou de regarder) les gens. Arrête de bâiller sans mettre ta main devant la bouche. Arrête de couper le haut de ton œuf coque avec un couteau. Arrête de tremper ce croissant dans ton café. Arrête d'emmerder le serveur en lui demandant si son lapin moutarde est bon ou si le poisson n'est pas trop cuit. Ça ne se fait pas !

En tout cas, moi, tous ces bons usages, après y avoir sacrifié pendant tant d'années en râlant, maintenant je m'assieds dessus ! Je vais même jusqu'à me moucher du doigt dans la rue !

Tu n'as pas honte ?

Non, d'ailleurs, ça, ce n'est pas pour narguer les passants mais parce que j'ai oublié mes Kleenex tout simplement ! Tu sais que certains des préceptes que mes parents, Revel ou Hans surtout m'ont inculqués me sont restés imprimés dans la cervelle ! L'œuf coque, interdit de couteaux pendant des années, je le casse encore à l'aide d'une petite cuiller, quitte à croquer les morceaux de coquille que je n'ai pas réussi à enlever ! Mais pour le reste, je n'en fais plus qu'à ma tête... Les asperges, je refuse maintenant de les manger à la main. Trop risqué ! Et si j'oublie de m'essuyer la bouche avant de boire, comme on me l'a appris et répété, j'efface la trace de mes lèvres sales avec mon index !

On a souvent dîné ensemble, encore récemment, tu ne te comportes pourtant pas comme un cochon !

D'abord, tu fais partie des rares que je suis encore obligée d'écouter ; tu m'engueules même parfois ! Tu me fais des remarques ! Et puis, hélas, ce n'est pas un privilège de la vieillesse de se comporter comme un cochon. Au contraire, on se doit de donner le bon exemple ! Et puis, surtout, il s'agit de ne pas dégoûter les autres de notre vieillesse, ils le sont bien assez comme ça !

Voilà pourquoi j'essaie quand même de rester bien propre sur moi et d'éviter de sentir mauvais ! Pour ça, j'ai un test : mes petits-enfants ! S'ils poussent des hurlements terrifiés à mon approche, s'ils détournent la joue quand j'essaye de les embrasser, c'est que j'ai du souci à me faire ! Le test ne marche que sur les tout-petits, parce que plus grands, vers 10-12 ans, ils s'écartent d'emblée !

Vraiment ? Tu exagères !

Pas du tout, c'est très courant à cet âge-là ! Moi, j'ai déjà eu le droit à des : « Désolé, Babou, mais j'aime pas qu'on me touche. » De mon temps, ce genre de remarque aurait privé le gamin de dessert pendant six mois. Aujourd'hui ses parents – mes enfants, donc – me jettent un regard complice et indulgent : « C'est une phase, faut surtout pas insister. » Ce que je comprends très bien. Contrairement à toi, moi j'adore toucher.

Je touche. C'est instinctif. Il me suffit d'adresser la parole à quelqu'un pour lui mettre la main sur le bras. Je touche, je caresse, je tapote sans même m'en rendre compte. Et je m'en excuse, bien sûr, quand il ne s'agit pas d'un proche... Enfin si j'y pense !

Finalement, tu ne le vis pas si mal, ton grand âge...

Tu n'as pas tort ! En fait, j'aime bien. J'aime même beaucoup. Passé 80 ans, si tu as la chance d'en arriver là – la chance, oui –, tu risques d'être heureusement surprise. Ce n'est pas si mal que ça. Ce qu'il y a de moche dans la vie, c'est la mort ! Au fur et à mesure qu'elle approche, il y a d'abord celle de tous ceux qui nous accompagnent ou nous précèdent.

D'abord, ça a été mes parents. Dans l'ordre, Tristan mon père, et là, j'ai senti qu'il n'y avait plus que ma mère entre le grand vide et moi. Quand Maman est partie à son tour, je me suis sentie comme poussée au bord du trou par mes propres enfants. Impression curieuse, fugitive, mais très forte cependant, même si pourtant je ne me panique pas du tout à l'idée de retourner dans ce que j'appelle « le non-être » !

Et la mort des autres ?

Curieusement, la mort d'un être cher est plus facile à supporter que son départ. Le bruit d'une porte qui claque ou qui se referme pour de bon résonne plus fort et plus profond qu'une pelletée de terre sur un cercueil ! Le sentiment d'abandon n'est pas le même. S'il se tire, c'est de son plein gré. C'est parce qu'il ne t'aime plus. Et c'est très souvent parce qu'il en aime une autre. Dans ce cas, l'amour-propre blessé, la jalousie, les espoirs trahis accentuent ta souffrance.

J'emploie ce mot « souffrance » exprès. Quand on perd quelqu'un, ce n'est pas celui que les amis utilisent dans leurs lettres de condoléance. Ils partagent ton chagrin, ils compatissent à ta douleur, mais ça n'a rien à voir avec de la souffrance !

Tu as été très entourée quand tu as perdu Revel, et Hans tout de suite après ?

On t'entoure, on te rend visite, on te chouchoute, mais on croit soulager ta peine en ne tarissant pas d'éloges sur le défunt. Ce qui part d'un bon sentiment, et puis c'est l'usage, mais ça ne fait hélas que souligner la perte ! Je ne m'en plains pas, note bien, ça vaut mieux que de se voir rappeler la litanie de ses défauts ! Parfois, moi, c'est ce que je fais : je fais la liste de tous ses défauts pour me consoler de son absence qui me lancine encore, comme un membre coupé.

Tiens, à ce propos, il faut que je te raconte ! Je reçois un coup de fil venant d'un monastère en Dordogne : c'est Yann, la première femme de Revel, la mère de Matthieu, un très bon peintre, tournée nonne bouddhiste, véritablement éclairée de l'intérieur ! Elle a trouvé le bonheur : « Dis voir, Claude, est-ce que tu vas enfin te décider à le lâcher ? – Revel ? Pourquoi ? – Parce que, en te cramponnant à lui, comme ça, après sa mort, tu ne le laisses pas libre de mener sa vie là où il est. – Je vais me gêner ! Tu sais à quoi il la passe, son autre vie, si tant est qu'il en ait une ? À refaire le monde en se soûlant la gueule avec des copains. »

Tu penses donc souvent à Revel ?

Selon les circonstances, c'est de ma mère dont j'ai besoin, un besoin urgent pour lui parler de mon désarroi, rapport à Revel. Ou de Tristan, histoire de lui raconter ce que sont devenus ses petits-enfants auxquels il tenait énormément. Hans, lui, c'est à heure fixe, le matin au réveil, ensuite trois fois par jour et le soir avant minuit, l'heure à laquelle je lui téléphonais. Je me surprends à regarder ma montre : « Tiens, j'ai oublié de... » Et puis : « Non, plus la peine... »

Mais la disparition est vraiment plus facile à supporter que la séparation. Quand Revel a voulu me quitter, j'ai bien cru que j'allais en crever. Ce coup-ci, je survis. De mieux en mieux. Ça fait mal, très mal, mais on s'habitue, on fait avec, comme on s'accommode d'une épaule cassée qui se remet difficilement. C'est un handicap. Un de plus.

Tu trouves que cela devient physiquement difficile au-delà de 80 ans ?

Pas forcément ! À moins d'être grabataire, c'est à peu près pareil qu'avant !

Ça ne s'arrange pas, d'accord, mais bon, ça empire si lentement qu'on a tout loisir de s'en accommoder. Prends l'escalier. Pour le monter, et plus encore pour le descendre, on commence par tenir la rampe, puis par s'y accrocher. Et quand il n'y en a pas, de rampe, ou on prend son courage à deux mains et on le descend marche à marche comme les petits enfants ou bien, moi je préfère, c'est plus sécurisant, demander son aide à un passant : « S'il vous plaît, Monsieur... – Mais je vous en prie, Madame... – Merci, Monsieur, tu es très gentil. » C'est convivial, ça met du liant ! Et de ce côté-là, plus ça va, plus c'est important, le rapport aux autres, l'ouverture aux autres.

On a quand même plus souvent des ennuis de santé, non ?

Des petits pépins, des gros, mais ça commence à la naissance ! Les coliques du nouveau-né, les rhinos, les otites, les écorchures, les rougeoles et autres varicelles, ça n'arrête pas de toute la vie ! À l'adolescence, on enchaîne sur les foulures, les fractures, les accidents de la route, les bagarres, bref les béquilles dans le meilleur des cas. Surtout pour les garçons. Quant aux filles, ce qui nous attend, ce sont les saignements, les cram-

284

pes, les gonflements, les sautes d'humeur, bref les Tampax ! À l'âge adulte, à part le cancer – cette horreur –, les grossesses difficiles, les accouchements, la ménopause ou les problèmes d'érection et d'éjaculation précoce pour les hommes, avec un peu de veine, ça va à peu près. Après, c'est vrai que ça se gâte un peu. On repart dans les bobos, les rhumatismes, les vertèbres qui se tassent, les articulations qui lâchent, les genoux qui se bloquent. J'en suis là !

J'ai l'impression d'entendre la chanson d'Ouvrard : « Je n'suis pas bien portant ! »

Il n'y a que toi pour te souvenir de ce comique troupier ! Je te signale qu'il est mort à 91 ans, tu vois ! Donc, les ennuis de santé, c'est emmerdant, bien sûr, mais bon, ce sont des choses qui arrivent. Le plus souvent en douceur.

Et, nous les vieux, les ennuis de santé, on a eu le temps de s'y habituer ! Et merci aussi, les progrès de la médecine ! Maintenant, à mon âge, on est rafistolé pour durer le plus longtemps possible, histoire de retarder le moment où, après avoir marché à quatre pattes, puis sur deux, j'en aurai besoin de trois (une canne). Avant de me coucher pour ne plus me relever.

Dernière question, une classique, si tu devais partir en vacances sur une île déserte, avec lequel de tes amis partirais-tu, aujourd'hui ?

Raphaël Mezrahi, sans hésiter !...
Enfin, une île déserte, quand même...
Non, même Mezrahi, je ne suis pas sûre...
J'irais avec toi !

FIN

Table

9442

Composition
NORD COMPO

Achevé d'imprimer en France (Malesherbes)
par MAURY-IMPRIMEUR
le 5 décembre 2010.

Dépôt légal décembre 2010.
EAN 9782290028162

ÉDITIONS J'AI LU
87, quai Panhard-et-Levassor, 75013 Paris

Diffusion France et étranger : Flammarion